KB270336

계절의 변화로 살피는 인생 포맷의 순리

산길은 비탈진 길이고,

물길은 굽이진 길이다.

법사 원담

 도서출판 두원 출판미디어

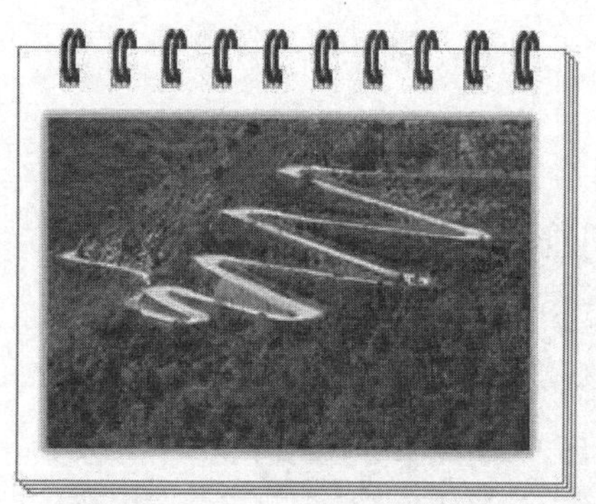

길이란 오르고, 내리는 곳이다.

높은 곳에서는 길이 다 보이지만

낮은 곳에 있을 때는, 가려져 보이지 않는 것이 길이다.

내려갈 때는 앞만 보기도 바쁘다.

책머리에 올리는 글.

산길은 왜 비탈진 길일까? 평평한 길이라면 산길이 아니고, 평지의 길일 것이다. 산길이라도 중간에 간간이 평지의 길이 나타나기도 한다. 평지는 사람이 머물러 거하기 편한 장소로 제공되는 묘한 곳이다.

산길이란? 올라가는 길이다. 내리막길도 있지만 그것은 굴곡진 곳으로 내려가는 흐름을 유도하고, 또 다시 올라가는 길을 의미한다. 계속되는 내리막길이란 하산이다. 평지에 도달하는 것이다. 물길로 흘러내려온 것과 같다. 흐름이란 위에서 아래로 내려가는 것이다. 올라가는 것을 포기하는 것이다. 산길이란 흐름을 거역한다. 언제인가는 반드시 흐름에 순응할 것을 알면서도 말이다.

산이란? 정상을 향하여 올라가는 곳이다. 중간에서 멈추면 올라가기 어려워진다. 물론 잠깐 쉬는 경우도 있지만, 그 사이 주변에 시선을 빼앗기며 자꾸 혼란에 휩싸인다.

앞만 보고 올라가면 당연히 보이지 않는 부분에는 소홀해진다. 눈앞의 목적에만 집착하기 때문이다. 출세에 눈이 먼 사람들이나, 탐욕에 가득 찬 사람들이 가끔씩 곤욕을 치르는 이유다.

그러나 여유를 갖고 눈의 그늘에 가려진 많은 부분에 대한 배려와 참작을 했다면 하자있는 처신과, 소탐대실로 인한 찌꺼기가 생기지 않고, 전체적인 판단 또한 더 정확했을 것이다. 여기서 문제가 되는 것은 시간이다. 많은 시간, 아니 어쩌면 그리 긴 시간이 아닐 수 있다. 정상으로 남 보다 더 빨리 가고자하는 욕망으로 인해 뒤돌아보며 올라갈 시간도 아깝다고 생각한다.
자연 편법, 불법을 저지른다. 과정은 스쳐가는 바람이라는 개념이다. 성공과 출세를 위한 자기 합리화다.

많은 시간이 흐른 후 내려오면서 보이는 광경에 사람들은 스스로 자책하고, 후회한다. 그래도 이 정도면 기본적인 깨달음이 있는 사람이다. 어떤 이들은 하산 길의 위험함에 자신의 안위만 생각한다. 이미 지나간 일인데 뭐! 하면서 말이다. 과거는 묻지 마세요! 대다수의 보통사람들도 그리 살다가는 것이 통념이다. 신이 아니니까. 우리의 인생이다. 그럭저럭 살다가는 범부요, 평범한 아내다. 다 팔자지 뭐! 하면서 생전에는 "팔자가 뭐 말라죽은 거야!" 하며 큰 소리 치던 사람 들이다.

성공이란 정상에 오르는 것이요, 자신의 뜻을 이루고 펼치는 것이다. 어떻게 하는 것이 가장 확실하고, 후회 없는 과정을 만드는 것일까? 잘 만들어진 과정위에는 튼튼하고 하자 없는 성공의 집이 지어진다.

누가 보아도 우아하고, 웅장하고, 견고하여 빛을 발하니 스스로 부러움을 느끼도록 하는 안정감과 독특함이 나타난다.

사람들은 누구나 자기 자신이 현명하고, 성실하고, 재능 면에서도 결코 남에게 크게 뒤지지 않는다고 생각한다. 맞는 사고다. 일부 쳐지는 부분이 있다하더라도 충분히 감내하고, 극복하는데 큰 어려움이 없다고 생각한다. 나름대로 모든 것에 대한 준비작업과 결사항전의 의지가 충만한 것이다. 그렇다면 누구나 다 성공이란 대업을 쟁취해야 할 것이 아닌가? 노후 까지도 편안한 삶을 누릴 수 있는 기반을 마련할 것인데, 대다수가 그렇지 않은 것은 왜일까? 설사 어느 정도 목표치를 달성했다하더라도 만족을 느끼지 못하고 불안감이 떠나지 않는 것은 그만큼 무엇인가? 부족하고 더 채워야 한다는 현실의 변화가 더 여유 있는 삶을 요구하고 압박을 가한다. "내가 당신을 이만큼 사랑하니 당신도 최소한 그 정도는 사랑해야 될 것이 아니냐!"는 논리다. 사랑은 베푸는 것으로 만족하기는 어렵다. 당연히 한만큼 돌려받고 싶은 것이 평범한 사람들의 심리다.

성공과 출세에 대한 것도 같다. 내가 노력한 만큼 아니 그 이상의 긍정적인 대가를 원하는 것이다. 한 걸음 더 나아간다면 안정적으로, 장기적으로 그 대가가 이어지기를 바란다. 버리는 것이 얻는 것이요, 베푼 것으로 만족해야 편한 것이란 것을 다 알지만 그리 못하며 사는 것이 인생이다.

삶이란?

돌고 도는 것이다. 좋은 시절이 있으면 안 좋은 시기도 있는 것이고, 안 좋은 시기가 있으면 좋은 시절도 오는 것이다. 한 쪽으로 기울어져 길게 이어지기도 하고, 순차적인 반복이 오기도 하고, 아예 복이 없어 오지 않는 경우도 있고, "불행이여 나는 당신이 누구인지 모릅니다!" 하고 룰루랄라 하며 사는 인생도 있다.

잘 나가고, 잘 올라갈 때는 아쉬운 것이 없으니 매사가 긍정적이고 하면 된다는 식의 사고방식이 팽배하여 "지금 이대로! 그대로!" 라는 노래가 나온다. 시간이 흐르면서 실패와 좌절 그리고 하강의 길에 접어들어서야 아! 하고 그런 것이 아니구나! 하고 탄식한다.

올라가는 길이 있으면 정상에 도달하고 결국에는 응징의 하산하는 길이 있음을 내려오면서 넘어지고 자빠져야 파악한다. 와중에도 다시 재기한다며 기를 쓰고 올라가려는 한심한 작태를 보이기도 한다. 부질없는 일인지 알면서도 지속적으로 도전하다 결국에는 만신창이가 된다. 그래도 할 말은 있다. "결코 좌절하지 않을 것이다!"라고 말이다.

현자賢者란!

성공과 출세에 연연하지 않는 사람이다. 때를 알고 그에 맞추어 행한다. 올라갈 시기와 내려갈 시기를 미리 판단 한다. 물론 말이야 쉽지만 행동으로 옮기기가 어려울 뿐이다. 열에 하나라도 지킨다면 실패의 하나는 건지는 것이다. 그것만으로도 존재하는 커다란 낙樂을 느낄 수도 있다.

이 책의 글들은 그런 하나를 위한 글이다. 아무리 좋은 의미의 칭찬도, 격려도, 충고도 우리 삶에서는 거추장스러운 공염불로만 들려지는 것이 인간사다.

조금 배웠다고 문자나 쓰고, 조금 있다고 치장하고 바르기 좋아하고, 약간의 권세가 있다고 목에 힘주어한 마디씩 툭툭 던지는 그런 소리가 아니다. 좋은 소리는 달콤하고, 싫은 소리는 쓴 것이 우리의 입맛이다. 소똥에는 꽃이 피지 않는다. 그것이 거름으로 섞이어 유용하게 쓰일 때 그 곳에 꽃이 핀다.

성공이란?

때를 잘 만나는 것도 중요하지만 시기의 흐름을 읽고 파악하여 적절하게 대처하는 것이다. 물론 많은 노력은 당연한 일이지만 모든 것이 합을 이루어야 기쁨의 결정체가 생산된다.

천방지축이요, 백해무익이요, 공든 탑이 무너지는 것은 다 이를 부시하고 성술하기 때문이다. 순리順理의 흐름이다. 그것이 때를 옳게 판단한다. 산이란 오르는 것이고, 물은 건너는 것이다.

산이란 ?

가까이서 보면 목이 뒤로 젖혀지니 뻣뻣해지고, 멀리서 보면 가물가물하니 눈이 어지러워진다. 보기만 하면 꼭대기 까지 올라가고 싶어지고, 다가서면 웅장하고, 신비스러워 절로 조심스러워진다.

산이란?

 대지 중에서 제일 높은 곳이다. 산이란? 대지의 집합체이다. 땅위의 모든 것을 모아놓은 곳이기도 하고, 삶의 근원지요, 또 돌아가는 곳이기도 하다. 사람들은 평지에서 안락하게 살기 위해 산의 모든 것을 하나씩, 하나 씩 옮겨 군락을 형성하며 편안함을 도모한다. 지금도 부지런히 무엇 또 없나? 하고 이것저것 열심히 갖다 옮기며 산다.

산이란?

평지에 있는 사람들을 보호하고, 감싸 주며 품에 안아준다. 자신이 품고 있는 신선한 기운을 평지의 모든 물상 物象에게 보내준다. 사람들은 산의 너  그러움에 감사하면서도 자꾸만 기어오르고 파헤친다.

물이란?

얕아 보이면 손, 발을 담가보고 싶고, 깊어 보이면 몸을 빼고 뒷걸음질 친다. 사람이 우스워 보이면 얕잡아보는 것이요, 두려우면 겁을 먹고 피하는 것이다.

물이란?

담겨 고이면 올라가지만, 넘치면 아래로 흐른다. 사람의 감정도 쌓이면 폭발한다. 대지 중에서 제일 낮은 곳이다. 항상 낮은 자리에 임한다. 사람들은 성공이 

란 탑을 세우기 위해 오늘도 열심히 차곡차곡 노력과 희망을 곁들여 정성의 돌을 쌓는다. 탑의 높이는 기준이 없다. 허물어지지만 않으면 되는 것이다. 자기의 눈높이를 정확히 안다면 위험을 무릅쓰지는 않을 것이다. 지켜지지 않는 룰 속에 오늘도 사람들은 부지런히 오르고 내린다. 지치고, 병들고 쓰러져야 그때 깨우친다. "아! 내가 착각을 했구나!"

산길과 물길은 달라도 공통점은 있다. 직선길이 아니라는 것이다.

춘천에서

법사 원담 올림.

청평사 앞 계곡 공주 굴 입구

목차

---

1) 이승의 번뇌를 해탈하여 열반의 세계에 도달하는 일. 또는 그 경지.
↔차안(此岸).

내려가는 속도는, 올라갈 때 보다 빠르다.

제 ❶ 장

출세(出世)편

길이 열린다.

바퀴는 흐르는 물이요, 말은 승천하는 용이다.

지금 당신은 어디에 있는지 아시는지요?

지금 당신은 어디로 가는지 아시는지요?

지금 당신은 어떠한 시기인지 아시는지요?

제❶장------ 출세(出世)편

출세(出世)란 무엇일까?
지금 당신 어디에 있는지 아십니까?

1월

1. 첫 째 마당

시작이요, 탄생이다. 백수탈출인 것이다.
시작이 반이다. 무엇이든 시작이 중요하다.
망설인다는 것은 이미 준비가 부족하다는 것이다.

2. 둘 째 마당

2월

탈바꿈, 꿈에서 깨는 것이다.
이상과 현실이다.
무거운 것은 내려놔야 멀리 간다.
마음을 비우라지만 텅 빈 속으로 무엇을 한단 말인가?
지나치면 무거우니 약간 덜고 편하게 가야한다.

3. 셋 째 마당

3월

형성, 모양새를 갖춘다. 벌거숭이가 아니다.
안개속이라도 가까이 갈수록 더 잘 보인다.
어려움을 헤치고 나가는 혜안이 필요하다.

봄바람은 뒷소리가 강하다.

겨울의 한기가 아직도 남아 있기 때문이다.

◉ 출세(出世)란 무엇일까?

재주 있는 남자와, 아름다운 여인의 기상이다.

사회적으로 지위나 신분이 상승되어 우월한 위치(位置)를 차지하거나, 유명세(有名稅)를 타는 것이다.

출세(出世)란 단순한 의미로 세상에 나타나는 것이다. 두각을 나타내는 것이요, 전장에서 승리를 거두는 것이요, 선거에서 이겨 새로운 임기를 시작하는 것이다. 초선은 처음 하는 것이요, 재선 이상은 연이어 하는 것이다. 새로 짠 판에서 시작을 한다.

부끄러움을 알고 스스로를 바로 잡는다. 허물이란 껍질에 불과한 것이다. 벗기면 안에는 새로운 속살이 보인다. 그것은 깨끗한 것이다. 믿고 의지하는 마음을 나타낸다. 능히 절약하는 기운을 갖고 있으므로 서로가 베푸는 아량을 보인다. 뜻을 얻지 못하여 아직 정하지 못한 부분도 많다. 경험이 있어도, 없어도 다 매한가지다. 변화가 지나치게 많고, 속도가 빠르니 정확한 흐름을 파악하는 것이 급선무다.

정(靜)적인 상황에서, 동(動)적인 상태로의 변화다.
보다 적극적인 움직임이다. 의욕이 넘치니 시야가 확보된다.

자기 존재(存在)가 파악되는 것이다. 겉모습만 보고 판단하기는 아직 이르다. 속에 담긴 품고 있는 진의를 알아야 한다. 나 자신도 아직은 뿌리를 장담하기가 어렵다. 구슬이 서 말이라도 꿰어야 보배가 되듯, 갈고 닦고 준비된 자신을 외부에 노출하며 검증 받는다. 아직은 때 묻지 않고 순수하고 청순한 상태의 진솔함이다.

오래도록 헤어져 있던 자식이 집으로 돌아와 부모님을 뵙는 마음이다. 산을 넘고 강을 건너야 하는 긴 여정을 시작한다. 길(吉), 흉(凶)을 떠나 많은 대중들에게 각인1)刻印 돼야 한다.

흉(凶)한 일로 하여 세상에 이름을 알린다면 그것은 출세가 아니라 병거2)(屛居)해야 하는 경우다. 자기 집이 아니면 사회와 격리되거나, 심할 경우 북망산을 향해야 하는 것이다. 출세란 길(吉)로 본다. 일반적으로 출세하는 경우는 어떤 경우가 될까? 출세란 그 기준이 모호하다. 각 분야에서 어느 정도 두각을 나

---

1) 마음이나 기억 속에 뚜렷하게 새겨짐.
2) 세상에서 물러나 집에만 머물러 있음.

타내면 대체적으로 출세라는 말을 하는데 대외적으로 공인받는 유명세가 자리 잡아야 하는 조건이 있다.

출세(出世)라는 길(吉)의 범위 안에는
유명세(有名稅)라는 것이 가끔은
흉(凶)으로 작용하며 발목을 잡는다.
호사다마(好事多魔)라고 항상 따라다닌다.

공인이란? 공인도 공인 나름이다. 갖다 붙인다.고 다 공인이 아니다. 그렇다면 공인이 아닌 사람이 어디에 있는가? 진정한 공인 이 되어야 한다. 공인을 굳이 한자로 표현한다면 공인(公人)인 것이다. 물론 어느 분야든 많은 사람을 상대하고, 인정을 받고, 공적인 위치에 있고, 지대한 영향을 끼치는 위치에 있다면 공인으로써 형식상 의미는 갖춘 것이다.

아무리 화장을 잘해도 그 얼굴이 변하지는 않는다. 씻고 나면 본연의 얼굴이 나타나는 것이다. 지나치게 화장을 하다보면 화장독이 오른다. 피부가 상하는 것이다. 겉치레에 몰두한 결과인 것이다. 내적인 요소가 중요한 것이다. 평소 관리를 잘하여 탱탱한 피부를 만들어야 한다. 내실을 다지려면 많은 노력과, 희생이 필요한 것이다. 진정한 공인이 되기는 어려운 것이다. 스스로 관리가 힘들다는 것이다.

◉ 지금 당신 어디에 있는지 아십니까?

안에 있는지?

밖에 있는지?

아래에 있는지?

위에 있는지?

성공의 화살을 쏘려면 정방도 아니고, 간방도 아니다. 정방과 간방의 사이에 있어야 한다.

✌ 지금 어디에 있는가 안다는 것은, 자신을 안다는 것과 같다. 자신에 관한 모든 것을 종합적으로 분석하여 시기적으로 어디에 해당 하는가? 아는 것이다.

우리는 종종 자신이 어디에서, 도대체 나는 무엇을 하고 있는 것인가? 하고 한 번 씩은 자신에게 되묻는 경우가 있다. 대체적으로 무엇인가 혼란한 상태일 때는 더더욱 그런 생각을 하게 된다. 조용히 혼자 있는 것 보다 많은 사람과 접하며 의논을 해야 한다.

엎드려 절하고 두 손으로 공손히 받는 자세로, 받드는 마음으로 상대의 뜻을 경청하고, 심사숙고해야 한다. 살다보면 어려울 때 실로 힘들어 미칠 지경일 경우도 있고, 잘 풀려 풍족하여 여유를 즐길 때도 있다.

많은 시간이 지나고 나면 아, 그 때! 하면서 돌이켜 보곤 한다. 중요한 것은 그 당시 내가 어떤 시점에서 어떤 행동을 하고 있었던가? 쟁점이 된다. 후회하는 사람도 있을 것이고, 만족스러워 하는 사람도 있을 것이다. 모든 것이 다 지나간 후인데 이제 와서 어쩌자는 말인가? 아직 끝이 난 것이 아니다. "끝이다." 고 생각하는 사람은 머지않아 생을 마감할 사람이다.

아직 갈 길이 멀다. 우리는 보통 인생 100년 운운하지만 그것도 틀린 말이다. 예전까지만 하더라도 인생 70, 80 하더니만 어느새 인생100년이 되어버린 것이다. 인생은 120년이다. 육십갑자를 두 번 반복하는 것이다. 양의 시간 60년, 음의 시간 60년 하여 120년이다. 인생 60 부터라는 말이 왜 있겠는가? 음과 양의 반복이요, 그래야 한 순번을 도는 데 그게 걸리는 시간이 120년 이다.

60자체에서 음과 양으로 본다면 30을 기준점으로 볼 수도 있다. 60안에는 음과 양이 다 있으므로 그 자체로도 한 순번이 된다. 그것을 좀 더 세분화하여 더 크게 보면 60을 각각 양과, 음으로 하여 두 번을 보는 것이다. 그렇다면 일찍 북망산으로 가는 사람들은 무슨 연유일까? 스스로가 명을 재촉한 것이다. 인생을 120년 이라고 길게 잡고 모든 계획을 세워야 하는데 현실에만 안주하다보니 그리된 것이다. 그것은 환경에 의한 또는 과학적 문명 발전에 의한 변화를 읽지 못하기 때문이다.

지금 당신은 어디에 계십니까? 주어진 운명의 반 만 살다 가시렵니까? 아니면 넘치도록 살다 가시렵니까? 90년, 100년을 살면 오래 산 것이라 생각을 하십니까? 아닙니다. 마지막을 못 채우고 가시는 겁니다. 많이 남아있습니다. 왜? 인체는 기계와 같다. 예상 수명이 120년이지만, 중간에 고장이 심하게 나거나 망가지면 버리니, 자기 명줄을 단축시킨다. 살다보면 다 고장이 나고 상하는 것이다. 그래서 다 채우고 가지를 못한다. 부품을 새것으로 자주 갈아준다면 수명이 더 길어진다. 관리도 잘하고, 모든 면에 세심한 주의가 필요하다. 건강관리다. 심신으로 몸을 덜 상하게 하고, 항시 새것처럼 관리하면 오래 사는 이치다.

출세와, 성공도 항시 점검하면서 잘못된 부분을 개선하고, 신기술을 응용한 부품으로 기계를 교체하듯 말이다. 출세와 성공을 유지하는 방법, 항상 불여튼튼이다. 동창들의 모임에도 결국 나중에는 건강한 사람들만 남는다.

성공이란? 음양의 조화를 아는 사람이 이룩하는 것이다.

(1) 첫 째 마당

시작(始作),
탄생(誕生)

안개가 걷히는 것이다.

맑은
샘물에
떨어지는
물방울이
작은
파문을
일으키며
튀기듯,
퍼지는
아름다운
새소리가
온 숲에
울린다.
시작과,
재출발하는
시기이다

소한(小寒)

소한은 동지(冬至)와 대한(大寒) 사이에 있는
음력 12월 절기(節氣)로 양력으로는 1월 6일경이다.
대한이 더 춥다는 의미지만 우리나라는 소한 때가 더 추워
"대한이 소한 집에 놀러 갔다가 얼어 죽었다."는 옛말이 생겨났다.

대한(大寒)

대한은 소한(小寒)과 입춘(立春) 사이에 있는
음력 12월 중기(中氣)로 양력으로는 1월 21일경이다.
겨울 추위의 매듭을 짓는다는 의미의 대한(大寒)이지만
실제는 소한(小寒) 때가 더 춥다.
실제 날씨와 관련해서도 곧 봄이 올 것이 분명한데도
대한이라고 아무 일도 하지 않고 추위 핑계만 대는 사람에게
절기의 특징을 인용하여 일깨우고 경계하는 경우에도 사용되고 있다.

시작(始作) 단계에서의 특징.

◉ 시작始作이요, 탄생誕生이다.

물을 건너면 물가가 나온다.
안정과 편안함을 취하는 것이다.
목표를 향함이다.

나의 능력을 발휘해야 할 터인데, 그 동안의 준비가 잘 된 것인지 설레기도 하고, 두렵기도 하다. 진정한 시작은 몸이 근질근질하고 활동하지 못해 안될 나는 것이다. 이미 몸을 풀고 있었던 것이다. 덤벙거리면 실수한다. 시작이지만 마무리를 담당하는 구원투수다.

시작단계에서는 의욕이 앞서기 마련이다. 자빠지고, 넘어져도 아픈 줄도 모르는 것이다. 눈앞에 펼쳐진 넓은 대지가 황금들판으로 보인다. 우려와 염려의 소리는 시샘하는 아이들의 투정과도 같이 느껴진다. 패기가 오기로 전환되는 시점이다. 시력에 맞추어 안경을 써야 한다. 잘 보기 위함이다. 중요한 것은 안경은 오래 쓸수록 시력이 저하된다는 사실이다. 그렇다고 안 쓸 수도 없는 일이다.

◎ 일단은 덮어라.

주머니 털어 먼지 안 나는 사람 없다지만,

주머니가 없는 옷도 있는 것이다.

잘 잘못을 논하지 마라. 어제의 일은 덮어야 한다. 다시 또 나가는 것이다. 새롭게 이제 출발하는 사람도 있다. 먼지는 털고, 지저분하면 닦아서 깨끗이 한다. 새로운 마음가짐으로 진입하는 것이다. 마음속에 새로움과, 깨달음을 잊지 말고 새겨야 한다.

흉(凶)을 가까이 하지 말고, 길(吉)을 논하라.

출세(出世)란 양(陽)이라 밖으로의 도출[1](挑出)이다.

음(陰)이라는 안에 칩거하다, 세상의 빛을 보는 것이다.

제2의 탄생이다. 체제를 갖추기 시작한다.

저녁이 지나고, 밤이 지나야 아침이 오는 것이다.

---

1) 시비를 일으키거나 싸움을 걺. 도발.

● 시작始作이란?

끝을 전제로 하는 도전이다.

몸은 앞으로 나가지만, 발바닥은 항상 위를 향한다.

음이 발동하여 양으로 나가는 것이다.

마음에 담은 생각을 그대로 행동으로 옮기는 것이다.

하늘을 향해 순수함을 약속한다.

세 상에 나온다는 자체는 출생(出生)이다. 신고식을 한다. 이미 그 자체로 출세(出世)가 된다. 출발선을 통과한 것이다.

풍요속의 빈곤이라 모두가 내 것인 것 같아도 소유할 수

있는 것이 있고, 없는 것이 있다. 허와 실을 따져야 하는 시기다.

◎ 출세(出世)란 양(陽)의 작용이다.

보여야 존재가 입증되는 것이다.

음(陰)처럼 가라앉거나 둔거(遁居)하는 형상이 아니다.
양(陽)이란 발전이다. 음(陰)도 나름대로 발전을 이룬다.
가시적인 발전이라는 말이다.

외 형상 나타나고, 움직이는 활동적이고 현실적인 움직임이다. 말 춤을 추는 것이다. 힘찬 용트림과, 기운 넘치는 환희의 울음소리로 세상에 자신의 존재를 알리면서 나타난다. 새로운 사회생활을 하는 것이요, 첫발을 내딛는다. 알바도 좋고, 용돈을 받기 위해 심부름도 하고, 무엇인가 생산적인 활동에 참여한다.

자기의 능력과, 재능을 상대방에게 보이고 평가 받는다. 적은 돈이라도 경제활동이 된다. 일한 대가(代價)를 지불받기 시작한다. 새로운 투자(投資)를 하여 증식활동을 한다. 학문에 뒤쳐져도 따라가는 것이다. 남보다 앞설 수 있는 것이다.

득(得)과 실(失)이 나타나기 시작하는데 시간의 길고, 짧음이 조건이다. 선택에 달렸다. 망설임은 시작 자체를 부인 하는 것이다.
심하게 말한다면 포기하는 것과 같다. 패배자의 시작은 망설임이다.

시작이 성공이다. 무엇이든 시작이 중요하다.
반이 아니다. 성공을 위한 시작이다.

✌ 무엇인가 느낌이 오기 시작한다.

손발이 풀리고 출생과, 시작에 대한 감사와 각오를 더욱 다진다.
주변의 관심과 시선이 느껴진다. 존재가 부각되기 시작하는 시점이다
빠른 경우는 가시적인 움직임이 나타난다.

선착장으로 돌아오지만   바다로 향한다.

일을 끝내는 것이다.   또 다시 전진하는 것이다

기색氣色을 보면 알 듯 저녁과, 아침의 색色이 다르다.

가는 길이 마냥 바쁘기만 하다.

작은 돌도 크게 보이나, 결코 장애물로 보이지 않는다.

마냥 모든 것이 나를 위한 서곡으로만 들린다.

◎ 모든 것의 시작은 극히 작은 것이다.

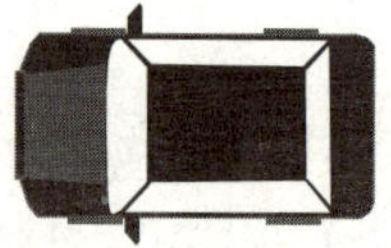

급발진은 위험한 발상이다.

무(無)에서 유(有)가 창조되는 것이다. 모든 것은 작은 점에서 시작되듯, 점이 점점 커지면서 하나의 결정체인 선(線)을 이룬다. 하나를 의미한다. 자체가 통일이다. 시작은 왼쪽에서 오른 쪽으로 연결한다.

왼쪽의 불편함에서, 오른 쪽의 편안함으로 이어진다. 끊어진 것이 이어진 형태로 나타난다. 시작에서 끝을 향하는 것이다.

단결(團結)의 의미가 있는 것이요, 통일(統一)의 의미다.
선택의 의미로 본다면, 많은 것 중 하나만 보이는 것이다.
앞에서 가려지니, 뒤가 보이지 않는다. 아차하면 기울어져 쓰러진다.

위에서 본다면 금이 가고 갈라진 것이다. 생각하기에 따라 상황이 설왕설래한다. 균형을 유지하는 것이다. 기울임이 없으니 정지 상태요, 휴식기다. 그러나 계속 움직임이 이어진다.

빠름 빠름이 아닌 미비한 움직임으로 비쳐진다. 과로나 지나침은 금물. 속도를 내면 안 된다. 아직 열을 덜 받은 상태다.

거스름돈이 모자라 큰돈을 못 받는 아쉬움이다.
들어오는 복도 놓치는 시기다.

◎ 흐름과 속도란? 비례한다.

순리(順理)에 순응(順應)해야 한다.

위에서 아래로 내려온다.

물의 흐름이다.

가만히 있어도

밀려서 흐르기 마련이다.

급히 내려오면 다친다.

상 하(上下)가 서로 통(通)한다. 연결(連結)이 된다. 아래에서 위로 올라 갈 수 없다. 꺾어진다. 상명하복1)(上命下服)이다. 내려오는 힘이 강한 것이다. 그래야 흐른다.

목적을 위해 수단 방법을 가리지 않는다. 편법도 생각난다. 일시적인 어려움이던, 장기적인 어려움이던 누구나 한 번 쯤은 생각하는 일이다. 강도에 따라 상대적인 반응으로 나타난다.

표출은 자제해야 한다. 목표물이 된다.

세찬 흐름에는 거부할 명분도 필요 없다.

---

1) 위에서 내려진 명령에 복종하는 것이다. 따름이다.

희생을 강요하는 잔인함도 나타난다. 누가 할 것인가? 말이 없다. 누가 고양이 목에 방울을 달 것인가? 숨소리만 거칠어진다. 장기적인 지구전이 될 수도 있다. 지구력은 어느 정도인가? 완만한 흐름인가? 경사진 흐름인가? 휘어지지 않는 곧음이다. 절개요, 믿음이다. 지나침은 부러짐으로 연결되니 화(禍)가 발생할 수 있다.

사람 좋다는 소리만 들으면 그 사람은 멍청한 사람이다. 그 다음을 보아야 하는 것이다. 누가 그런 말을 하는 가? 왜? 무엇 때문에? 좋아도 한계가 있는 것이고, 순리와 원칙이 있어야 한다.

배움에 있어 많은 시간과 경비를 아끼는 것이 참된 배움이다. 요령과 수단이 아니다. 정당하게 순리를 따라, 정도를 찾아 지름길로 가는 것이다. 지름길은 편법이 아니다. 정해진 길이다. 항상 지나오고 나면 보이지만 현명한 사람은 가기 전에, 가면서 찾기도 하는 것이다. 찾아도 보이지 않으면 만들어야 한다. 새로운 길이란? 새로 만들어지는 길이다. 무에서 유를 창조하는 것이 아니다. 기존의 있던 길에서 찾는 것이다. 창조의 시작은 모방이다. 점차적으로 새로운 조합이 형성된다. 하나의 새로운 길이 나타나는 것이다. 또 다른 변형의 형태로 새로움을 나타내는 것이다. 근본은 다 그러한 것이다. 간단하게 생각해보는 것도 필요하다.

눈치가 빨라야 절에 가서도 고기 맛을 본다.
항상 신속함을 요하는 시기다.

◎ 동적인 움직임은 사랑의 따뜻함이다.

이른 봄과 같다. 아직도 한기가 남아있는 시기에는 땅위로 싹이 나오기가 편치 만은 않다. 조심스럽게 나오느라고 굽어진다. 연로하신 할머니의 굽은 등과 같 다. 매사가 조심스럽고, 어깨를 펴기 힘들다. 똑바로 자라야 할 터인데 환경의 영향으로 인해 굽어진다.

무엇인가 기발한 생각이 떠올라야 하는데, 마음이 조급해진다. 주변의 기대가 부담으로 작용한다. 무엇인가 확실한 목표를 세워야 하는데, 확신이 안 선다. 무 엇인가 가시적인 상황이 나타나도록 해야 할 터인데, 보이기 시작하니 매사가 급해진다.

조금씩 조심스럽게 타개책을 내놓는다. 부족하지만 나름대로의 생각이다. 아직 해가 완전히 떠오르지 않았다. 기다려라.

안전위주의 발걸음이다. 모험은 하지 않는다. 망설인다는 것은 이미 준비가 부족 하다는 것이다. 기다려도, 기다려도 그 님 은 아니 보인다. 내가 나서서 찾아야 한다. 시작은 시작이다. 시작에도 과정은 있다. 다음 단계를 위한 사전 작업이 필 요하다

일의 성패가 분위기에 달려있는 시기다.
자신 있는 표정과 불타는 눈이 필요하다.

◎ 재수(再修)하는 과정이다.

시작을 위한

시작은 없는 것이다.

모든 과정을 거치고 준비된 상태에서 시작한다. 한 번 한 것을, 다시 반복하는 경우도 된다. 밑바닥부터 또 시작 하는 것이다. 시작이란 즐거움을 생성하는 엑기스요, 끝을 위한 과정이다.

처음같이 잘 보이지는 않지만, 이미 갖출 것은 다 갖춘 것이다. 먼 길도 한 걸음, 한 걸음 내 딛는다. 지속적인 수입을 계산하고 있었는데 갑자기 수입원이 사라진다. 생각지도 않은 결과다. 불황이 만들어버린 어처구니 없는 상황이 벌어진 것이다. 재점검하며 진행하는 것도 시작과 같다.

부모를 찾아 길거리를 헤매는 자식의 애달픔이다. 여기저기 수소문하고 연락을 하였지만 소득이 없다. 가슴을 치며 통곡을 해도 메아리는 없다. 앞으로 살아갈 방도를 생각해야 한다. 결국은 내가 할 일이다. 모든 경험을 토대로 하여 행하는 것이니 두려움은 없다. 실전에 미흡함이 아직 평가를 받지 못했다 뿐이지 볼 것, 못 볼 것 다 본 상태다. 의욕과 성실함이 항상 안에 자리 잡고 있다. 그늘에 가려 안 보이지만 이미 상하가 통하는 것이다.

◎ 상대방을 감격시키는 혼이 담긴 소리다.

성상聲相이라 하여 관상에서
중요시 하는 부분이다.
말소리는 상대방에게 정확하게
전달이 되면서 편안함을 주어야 한다.

어리고 연약하나 그윽하고, 아담하다. 청초하고 많은 사연을 안은 목소리다. 발전성이 무궁한 신인 가수다. 넉넉하지 못하나 정성이 그윽하니 모자라는 부분이 많아도 보람이 있다. 아직은 완성(完成)이라는 말이 어울리지 않는다. 작은 정성이지만 노력의 결정체다. 시작의 소리인 것이다.

☙ 새도 꼬리가 짧으면 조(鳥)라는 접미사1)가 안 붙는다. 싹이 노란 것은 일찌감치 포기하고 버려라. 그렇지 못 할 경우는 많은 인내와, 수고를 감수하고 지켜야 한다. 없다는 것은 없는 것이다. 있는데도 없는 것이 아니다. 다 사연이 있는 것이다. 간과해서는 안 된다. 새로운 시작을 위해서는 항상 갖추어야 하는 덕목의 소리다. 묻는 것이다. 질문이 많아야 함이다.

---

1) 어떤 단어의 뒤에 붙어 뜻을 첨가하여 새로운 단어를 이루는 말

시작(始作) 단계에서의 실천 사항.

빗장을 열고,

매듭을 풀어야 한다.

뭉치고, 걸린 것은 풀고 풀어야 한다. 인간관계에서 얽힌 문제를 한 번에 다 해결하기 힘들다. 차근차근 실타래를 풀 듯 서두르지 말고 확인하며 서로 풀어야 한다. 풀려야 늘어가는 것이다.

잘 못 풀면 오히려 더 엉키는 경우가 발생한다. 풀린다는 생각에 방심한다. 제일 경계해야 하는 사항이다. 느슨하게 놓아주는 것도 푸는 방법이다. 당기면 얽힌다. 놓아줄 때는 적당히 당기면서 놓아주어야 엉키지 않는다. 당길 때도 느슨하게 당겨야 엉키지 않는다. 확인하며 당긴다. 못쓰게 엉키었다면 잘라야 한다.

운전대에 앉았는데 열쇠가 보이지 않는다.

한참을 헤매다 찾는 시기다.

◎ 능숙하게 걷지 못하고,

　　　조금 씩 걷다가 제자리에서 멈추기도 한다.

복병을 조심하라.

홀로 행함이다.

한 쪽으로의 쏠림이 지나치다.

부족함이 많다. 균형을 이루는데 어려움이 많다. 보는 이로 하여금 불안함을 느끼게 한다. 얼마 가지를 못함이다. 나아가다 멈칫, 멈칫 멈추는 것이다. 그래도 아름다운 행보다. 우리는 보통 물을 건널 때는 물이 제일 신경 쓰이는 것으로 안다. 그러나 실상 개울을 건너다보면 물보다는 오히려 발밑의 자갈들이, 돌멩이 들이 더 건너기 불편하게 하는 사실을 깨우친다. 거기에 돌의 미끄러움이 불안감을 가중 시킨다. 시작이란 그런 것이다. 일차적인 문제가 아니다.

숨겨진 복병들이 더 많다는 사실을 진행하며 알게 되므로, 자꾸 멈칫 멈칫 조심스러운 행보를 하게 된다. 모든 일의 주체는 본인이다. 주변의 도움을 받기도 하고, 주기도 하며 과정을 밟아가지만 주체로써 겪어야 하는 많은 사안들은 아무리 대신한다 해도 해줄 수 없는 것들이 많다. 그때 마다 우리는 멈칫 멈칫하는 것이다. 복병이다. 아프다고 누가 대신 아파줄 수 없는 것과 같다.

◎ 보이는 것과, 안 보이는 것.

지나친 궁금증은
일의 진행에 장애가 된다.

사람의 신체 각 부위는 저 마다 다 장점을 갖고 있다. 생각하고 움직이는 그 모든 것은 인체의 각 위치에 자리 잡은 기관과 부분에 의하여 작용된다. 보이는 부분만 보는 것이 아니라, 속에 안 보이는 부분도 있고 보였다, 안 보였다 하는 부분도 있다. 그 중 항상 조심할 것들은 보였다 안 보였다 하는 부분이다.

밖으로 항상 나타난 부분들은 늘 보이니 걱정이 없는 것이요, 안으로 깊숙이 있는 부분들은 안 보이니 걱정이 없는 것이요, 다만 걱정이 되는 것은 들락날락 하며 온갖 풍파를 일으키는 부분들이 문제다.

사람도 마찬가지다. 늘 보이는 사람은 언제나 보이니 무엇을 하는지 바로 알 수 있다. 안 보이는 사람은 나타나지 않으니 생각이나 하고, 기억만 하면 되니 변수가 될 가능성은 그리 큰 것은 아니다.

들락날락 하며 부지런히 움직이는 사람은 안 보이면 안 보이는 데로, 보이면 보이는 데로 종잡을 수 없으니 걱정이 앞선다. 항상 변수를 안고 산다. 궁금증으로 인하여 불안감을 가중시킨다.

◎ 표정表情은 속일 수 없다.

첫인상과,

첫사랑의 기억은 오래간다.

"사람의 심정이 얼굴빛에 나타남이 부절을 맞춤과 같이 맞다."는 데서 안색[1]顔色이라는 뜻을 나타낸다.

겉으로의 드러남은 살펴보면 알 수 있지만, 속에 간직한 뜻은 알 길이 없다. 외관상 드러난 용모는 그 사람의 현재의 처지다. 의도적이던, 아니던 일단 나타난 형상은 그러하다.

헌 옷이라 꿰매어 입었다 해도, 일단 옷은 입은 것이다. 새 옷이 아니라도, 옷은 옷이다. 깨끗하다면 하자는 없다. 스스로 자기의 기량을 밖으로 노출하기 위해 애쓰는 것은 자기의 기량이 그만큼 작다는 것이다. 종기가 터지는 것이다. 진정한 기량은 풍기는 것이요, 느낌으로 온다. 어시장에 가면 비린내가 풍기는 격이다. 그 정도로 강하고, 인상적이면 오래 간다.

새로운 것으로 갖추려만 하지마라, 둘러보면 얼마든지 가능한 것이 많다. 새로운 기쁨을 안겨주는 것이 많음이다.

---

1)얼굴에 나타나는 색(色)을 말한다.

◎ 가장 맛있게 익혔을 때 단내가 난다.

결실을 위한 투자는,

아끼지 말아야 한다.

재물이란 사람의 마음을 유혹하는 향기로운 미끼나 같다.

지나치면 중독이 되는 것이다. 해독제가 없다.

안 개같이 자욱하여 앞뒤를 구분하기 어렵다. 출세와 성공의 목적이 재물이 되어서는 안 된다. 재물이란 축적蓄積하는 것이 아니라, 활용活用 하는 것이다. 혁신적인 개발과, 인적자원 확보에 널리 사용해야 한다.

개인적으로는 자신을 위한 투자가 이루어져야 한다. 시간이 걸려도 결과가 긍정적일 때 진정한 단내가 난다.

남들의 평판이 좋은가, 나쁜가는 다 내가 처신하기 달린 것이다. 봄철의 아름다운 꿈처럼 항시 부푼 희망을 안고, 가을을 기다리며 노력하고, 베푸는 마음을 가져야 한다. 단내란 알맞게 익었을 때, 매사 적당할 때 나는 냄새지 역한 냄새를 풍기는 그런 단내가 아니다.

입에서 단내가 나듯 과일도 지나치게 익으면 악취의 단내가 난다. 말과 행동이 귀에 따갑도록, 눈에 가시가 돋을 정도로 보이면 이미 달콤한 단내가 아니라 악취의 단내다. 욕심도 지나치면 썩은 단내가 난다.

◎ 결과가 좋아도 걱정이다.

눈앞의 결과에 만족하지 마라.

형제들이 사냥을 하는데 많은 몰이꾼을 동원하여 사슴을 잡았다. 노획물을 누구에게 주어야 할 것인가? 형들이 차지할 것인가? 동생들이 차지할 것인가?

아직은 정해지지 않았다. 결국은 양보하는 쪽이 이기는 것이다. 그 후를 생각하는 것이다. 양보한 쪽은, 몸만 가서 음식대접만 받으면 된다. 노획한 쪽은 오히려 부담으로 작용한다. 때로는 득이 실로 작용 한다. 득이, 득이 되기 위해서는 많은 조건이 나타난다.

부지런하고, 넉넉한 사람은 소득의 풍요로움을 베풀면서 만끽하기도 한다. 걱정을 만족으로 해결한다. 진정한 군자의 결과다. 걱정하는 사람은 소인이요, 만족하는 사람은 대인이다.

독식하는 사람은 스스로 눈앞의 결과에 도취하고, 다가오는 결과의 후유증을 예상하면서도 만족한다. 결과는 좋았지만 진정한 만족은 아니다. 욕심이 과한 것이다.

◎ 새벽이란 아직도 어둠이다.

정상의 여름은,

하지夏至가 지나야 한다.

어둠이 지나고 나면 새벽이 오니 환함을 가져다준다. 어둠도 어둠 나름이다. 완전한 어둠이 걷혀야 새벽이 온다. 먼동이 트는 것이다. 지금은 어둠이지만 완전한 어둠이 아니다. 아직 조금 더 필요하다. 조금 더 어둠이 짙어야 한다.

새벽이 왔다고 서두르지 마라. 아직 더 기다려야 한다. 어둠이 걷히기 전에 서두르면 짙은 어둠에 묻혀 실수 한다. 아직 조금 더 참아라. 여태 참지 않았던가! 말이다.

초원에 비가 그득하니 아직은 우기다.

건기가 그리 쉽사리 오지는 않는다.

강렬한 우기의 힘이 느슨해질 때까지 견디어야 한다.

우기의 기간이 짧다면 우기라는 말이 나오지 않는다.

끝나도 후유증이 말끔히 가셔야 한다.

第二

(2) 둘 째 마당

돌출(突出),

깨달음

일단은 보여야 한다.

길(吉)과 흉(凶)이 가시적으로 확연히 나타난다. 가능성과, 불가능에 대한 믿음을 갖게 되고 추리한다. 밀려오는 세파에 이제는 경쟁체제에 돌입한다.

입춘立春

봄의 시작을 알리는 것은 입춘立春이다.
새로운 시작을 한다. 아직도 한기가 나타난다.
과거의 찌꺼기가 남아 있는 것이다.

우수雨水

입춘立春 다음에는 우수雨水가 온다.
물로 변화시키며 증명하려 한다.
확실한 변화와, 시작의 징조徵兆를 증명하는 것이다.
얼음과 눈이 물로 바뀌고, 탄생의 기쁨을 마련한다.

나름대로 자기의 영역을 표시하는 시기다.
스스로 움직이기 시작하는 때다.
도움에 의존하는 방법에서

무거운 것은 내려놔야 멀리 간다.

이제 지저분한 음(陰)의 찌꺼기 모태(母胎)의 때를
벗어야 한다. 모태(母胎)의 양분으로 기생(寄生)하던 자신의 존재를, 이제는 스스
로 자양분을 공급받는 자체 수유능력을 보인다. 도전(挑戰)이요, 도발(挑發)이다.
곡선으로 표시 해 보라. 상승인가? 하강인가?

◎ 흔적이 중요한 단서다. 그것으로 답을 얻어라.

사소한 것이라도 챙겨놓으면 다 쓸모 있다.
작은 부속하나가 없어 전체가 작동이 멈추는 상황이다.

나무란 뿌리가 튼튼하고 가지와 줄기가 실해야 부러지지 않고 흔들리지
않는다. 나무가 아무리 움직이지 않으려 해도 바람이 잘 날이 없으면
항상 흔들리기 마련이다. 보고, 듣고, 묻고 항상 다 내 것으로 만들어야 한다.
완전한 이해가 안 되면 반복해야 한다. 등을 기댈 곳만 있어도 자리를 잡는 경
우도 생긴다.

◎ 겸양과 미덕을 갖추어야 한다.

머리가 있어도 없는 것이나 진배없다.

고개를 숙이고, 아래를 보고 걷는다.

실로 그리 걷다가는 부딪히고 넘어진다. 아래를 본다고 무조건 숙이면 곤란하다. 고개를 숙인다는 것은 지나치게 치켜세우지 않는다는 것뿐이지, 목이 처지는 상황은 아니다. 눈동자를 굴린다는 의미다. 시선은 정면과 아래 위를 다 본다.

항상 겸손하고, 욕심을 버리면서 양보한다. 후보단일화로 하여 양보를 한다고 그 사람이 진짜 부족한 면이 많아서 일까? 아니다. 진정한 승리를 쟁취하는 수순이다. 잔치 상에 몸만 가면 되는 것이다. 승리와는 상관이 없다.

크다 하여도 크다 하지 않고 작게 보는 것이요, 많다 해도 적다 하는 것이다. 이차적인 상황을 본다. 양이 음을 보는 것이요, 음이 양을 보는 것이다. 무엇이든 버리려고 하는 마음이다. 취하고 싶지 않은 사람이 어디 있겠는가? 버리려고 하는 사람이 더 무섭다.

돌출 단계에서의 확인 사항.

가능하다면 흉(凶)은
보지 않는 것이다.
나에게도 흉이 있기 때문이다.
많고, 작고가 아니다.

넓어도 좁다하는 것이요, 공간이 충분해도 다리를 펴지 않고 구부려 앉는다. 이보 전진을 위한 일보 후퇴하는 것이다. 간직한 모든 것이 흡족하지 않다.

아직은 부족(不足)함이 많다. 분발함이 필요하다. 갈 길은 정해 졌으나 아직 멀기만 하다. 아쉬움에 발버둥도 쳐보나 한계가 있는 상황이다. 더욱 더 자신의 마음을 추리고 움츠릴 때다. 마음을 비우라지만 텅 빈 속으로 무엇을 한단 말인가? 조금 씩 이것저것 채우는 것이다. 다지면서 채우는 것이다. 때로는 부풀기도 하지만 차근차근 채우는 것이다.

냇가에 그물을 쳐놓은 형상이다.
실행에 옮겼으니 좋은 결과를 기다리는 시기다.

◎ 용감함에는 학벌이 필요 없다.

용맹함에는 사납고,
모질어야 한다.

모르면 과감하고, 알면 재는 것이 많아 시간이 걸린다. 모른다 생각하고 나가는 것이다. 그것이 사실이니까. 괴이하게 생김도 용맹에 들어간다. 기세와 지세가 웅장해야 한다. 잘못된 판단으로 인한 용맹은 호랑이 꼬리를 밟은 형상과 같다. 이러지고 저러지도 못하니 진퇴양란이다.

완장도 벗어던지고 나면 주변에서 무시한다. 호랑이가 쥐로 변하는 것이다. 아비가 잘나도 자식이 못난 경우도 있다.

용맹이란 지나치게 바쁘고 분주함이라 흐름이 빠르다. 항상 호시탐탐 상대의 허점을 노리는 기운을 갖고 있다. 항상 주변에 위험이 도사리고 있다. 내가 노리면 상대도 나를 노리고 있다. 전쟁이다.

고 속도로에서 정속주행이란 원래 지켜야 하는 일이지만, 그대로 하다가는 흐름을 쫓아가지 못한다. 융통성 있게 흐름을 읽어야 한다.

◎ 우산이란 비 올 때는 좋지만,

　　　　날이 개면 귀찮은 존재로 몰락한다.

또 비가 올 때를 기다려라.
이제 초여름이다.
본격적인 장마철이 온다.
가능성을 확인했다.

머리카락은 두피를 덮으며 보호하고 지키는 역할을 한다. 지나치게 길면 동여매고, 틀어 불편함이 없도록 한다. 보호하는 작용을 한다 하여 방치하면 오히려 불편함을 조장한다. 진정한 인재란 머리를 감싸는 머리카락과 같은 존재가 되어야 한다. 때로는 곤두시기도 하고, 휘날리기도 한다. 기추장스러우면 잘리는 것이다. 늙어지면 머리카락에 윤기가 없어진다. 기력이 쇠하여진다. 흰 머리는 경력과 연륜을 말한다. 이마가 벗어짐은 머리카락을 잃어버림이다. 보는 이로 하여금 삶의 흐름을 일러준다. 기대이하의 평을 받을 수도 있다. 갖추어야 인정받는다. 지략이 교묘하고, 깊이가 있음이다. 토사구팽을 당연하다 생각할 줄 알아야 진정한 인재다.

관계를 청산하거나, 파기할 가능성이 있는 시기다.
계획을 재점검하는 시기다.

◎ 물고기는 속의 내장부터 썩어 부패하기 시작하고,

흙더미는 위에서부터 무너져 내리기 시작한다.

상하가 모두 부패, 문란하여 조직이 붕괴되고
와해하기 시작한다. 어디서부터 먼저 손을 써야 할지 엄
두가 나지 않는다.

물고기를 잡으려고 그물을 쳤는데 엉뚱하게 기러기가 걸린 것이다. 고래가 걸렸
다면 로또에 당첨이 된 것인데, 크게 그물은 망가지지는 않았지만 빈 그물이 아
닌 것을 다행으로 생각해야 한다.

정작 취하려 한 것은 보이지 않고, 엉뚱한 것을 갖게 된 것이다. 필요한 것이
아니니 득했다 볼 수가 없다. 계획했던 일이 엉뚱한 방향으로 흐른다. 궤도를
수정할 것인가? 계속 밀고나가야 할 것인가? 고뇌의 흐름이다.

이성적으로 순리를 생각한다. 전체적인 흐름을 파악한다. 지금은 시작한지가 얼
마 안 된 시점이다. 형성되는 과정이다. 더 크게 본다면 도면대로 기초공공사가
진행되는 과정이다. 도면을 수정할 것인가? 작용과 반작용을 생각한다. 목표물
이 무엇인가? 상대가 누구인가? 도착지점이 어디인가?

경제적인 면은? 부작용은 없는가? 마음의 준비는?

초 반의 결정을 확정짓는 시기다. 시작은 했어도 제일 고민이 많이 발생
하는 시기다. 망설이고, 재다짐을 하고, 무엇인가 불확실한 느낌이 강
하게 작용하는 시점이다. 초심을 잃지 말아야 한다. 초심을————

돌출 단계에서의 실천 사항.

혼자서 이야기 하면 독백이다. 상대방이 없으니 잔소리가 될 수 없다. 남이 알아 듣지 못하니 정신 나갔다는 오해를 받는 다. 아무리 떠들어도 시끄럽지가 않다. 둘이 이야기하면 대화對話다.

조용조용 사근사근 이야기하면 둘이 속 삭이는 것이다. 남이 알아듣지 못하도록 둘이만 이야기 한다. 흉(凶)으로 본다 면 옳지 않은 일을 작당하는 것이요, 음모를 꾸미는 것이다.

길로 본다면 오순도손 재미가 있어 보이고 다정스럽게 까지 느껴진다. 고성이 오간다면 다툼을 벌이는 것이다.

셋 이상이 이야기하면 토론이 된다. 잘못되면 한 사람 바보 만드는 작업으로 끝난다. 무엇인가를 도출하기 위한 상생이다. 흉으로 본다면 어느 한 쪽이 기울어진다.

길로 본다면 팽팽한 흐름을 원만하게 타협으로 이끌기도 한다. 지나치면 무거우 니, 약간 덜고 편하게 가야한다.

지나친 모험이나 욕심을 버려야 한다.
일시적인 안정을 추구하는 시점이다.

◎ 숨김없이 자신을 나타낸다.

매도 먼저 맞는 것이다.

항상 전면에 나서라.

내가 싫어하면 남이 마지못해서라도 도와준다. 그것은 결국 내가 고립되는 길이다. 쓸데없는 고집(固執)은 버려야 한다. 생각이 있으면 표현(表現)을 하라. 망설임은 나를 망친다.

형 성(形成)이란 시기가 있다. 기본기가 이루어진다. 반응하는 물리적 작용이다. 거침없는 작용(作用)과 반작용(反作用)이 필요하다. 많은 실수(失手)와, 착오(錯誤)가 반복된다. 주변의 관리가 요구된다.

아차하면 흉(凶)으로 이어진다. 허물을 덮는 다는 것은 일시적으로 통한다. 진정한 허물은 벗는 것이다. 가리는 것이 아니다. 잘 잘못에 대한 명쾌한 해답을 내 놓아야 한다.

◉ 차전차주 [且戰且走]

한 편으로 싸우고, 한 편으로는 도망가는 것이다. 매우 위험한 상황이 도래된다는 암시다. 적이 많으면 그래도 덜하다. 강적이 하나라면 수적으로는 적지만, 이미 다른 적들이 코밑에 와 있다. 어부지리로 이어지는 경우가 발생한다. 방심은 금물이다. 결과와는 상관이 없다. 싸움을 중지해야 다 사는 길이다. 현대전(現代戰)은 싸우면서 도망(逃亡)가는 것 같아도, 싸우는 그 자체는 계속 이어진다. 장기(長期)전이요, 지구전(持久戰)이다. 혁신과 개발이 이긴다. 삼성과 애플의 싸움과도 같은 것이다. 도덕적인 면으로 떳떳한 사람이 이긴다.

창조의 기본은 모방에서 시작한다. 뿌리 없는 나무는 없는 것이다. 조상과 자손만 이야기 하는 것이 아니다. 모든 것은 아주 기본적이고, 간단한 곳에서부터 시작된다. 수란 1-10이 끝이다.

수많은 수들이 다 여기서 나오는 것이다. 기본적인 것의 반복이다. 더할수록 더 많은 단위의 수가 생성이 되는 것이다. 기본적인 수의 나열에 불과한 것이다. 자판 역시 마찬가지다. 기본적인 글자의 자음과 모음을 가지고 수많은 한글 단어가 탄생한다. 비 오는 날 우의를 입고 우산 쓰는 격이다. 어색한 것 같아도 비바람 막는 데는 하자가 없다.

花中之花 不言之花 不言之廳 不言之敎
화중지화 불언지화 불언지청 불언지교

꽃 중의 꽃이라 함은 말을 하지 않는 꽃이라 하고, 말에 나타나지 않는 뜻을 들으니 무위자연의 가르침이다.

자신의 능력(能力)이 돋보인다. 성실과 노력의 결과(結果)다. 보기에 좋다는 것을 알면서도 귀찮고 애쓰는 것이 싫어 마는 것이 상례(常例)다.

고진감래(苦盡甘來)다.

✌ 맛이 가야한다. 좋은 의미의 맛이다. 흥미를 갖고 필연을 느껴야 한다. 먹을 때 감미로움은 누구나 느낀다. 뒤에서 흘린 땀의 노고를 알아야 한다.

기회(機會)는 균등(均等)하다. 자신의 영역을 확인한다. 잘 지켜지고 있는가 보라. 돌팔매를 맞지 않을 자신이 있다면 아무런 걱정이 없다. 눈에 보이지 않는 순리다. 나타난 결과 보다 나타나지 않는 미제의 만상들이 옹호한다면 반드시 이루어지는 것이다.

◉ 꽃이란? 물만 주어도 잘 자라는 것이 있는가 하면 충분한 영양분을 요구하는 종류도 있고, 오히려 물을 싫어하는 꽃도 있다. 필요로 하는 영양분도 시기를 잘 조절해야 한다. 임산부에게는 필요한 영양분과 한 가지 더 필요한 것이 있으니 정신적인 안정이다. 결국 심신의 안정이다. 진정한 맛이란? 심신의 안정을 만족시켜 주는 오묘한 보살핌이다.

지퍼가 망가져 옷을 입을 수 없는 상황이다.
항상 유비무환이 필요한 시기다.

第三

형성(形成)

찾아야 이룬다.

무엇인가 가시적인 상황이 나타나도록 해야 할 터인데, 조금씩 조심스럽게 타개책을 내놓는다. 안전위주의 발걸음이다. 모험은 하지 않는다.

서도에 있어서 첫째는 가로,

세로 선을 긋는 것을 연습하는 것이다.

그리고 그 간격이 일정한 가 판단한다.

이것이 어느 정도 이루어지면

그 다음에 선의 굵기를 다듬으면서

글 쓰는 연습을 시작한다.

모양새의 갖춤이다.

춘분(春分)

모양새를 갖춘다. 틀을 갖추는 시기다. 바빠지기 시작하는 시기다.
도출挑出 단계다. 시기로 비교한다면 경칩驚蟄과 춘분春分에
해당하는 시기다.

경칩(驚蟄)

경칩驚蟄은 입춘과 우수가 지난 다음에 다가오는 절기인데,
한기가 사라지고 따뜻해진 기후로 인하여 땅속의 벌레들도 깨어나고,
개구리도 겨울잠에서 깨어나면서 밖으로 나와 활동하기 시작하는 시기다.
움츠렸던 환경에서 밖으로의 도출挑出을 시도한다.

갖추는 단계에서의 나타나는 특징.

잘 입은 거지는 굶어죽지 않는다.

◉ 모양새를 갖춘다.

매사가 조심스럽고, 어깨를 펴기 힘들다. 똑바로 자라야 할 터인데 환경의 영향
이 중요하다. 흉(凶)이면 굽어지고, 길(吉)이면 곧아진다. 무엇인가 기발한 생각
이 떠올라야 하는데, 무엇인가 확실한 목표를 세워야 하는데, 무엇인가 가시적
인 상황이 나타나도록 해야 할 터인데, 조금씩 조심스럽게 타개책을 내놓는다.
안전위주의 발걸음이다. 모험은 하지 않는다. 너만 가니? 나도 간다. 군중심리가
작용한다.

자신의 모습을 자꾸 쳐다보게 된다. 과연 나는 누구인가? 개똥철학은
필요 없다. 촌음(寸陰)을 아껴 원대한 꿈을 이루기 위한 가능성을 보
여야 한다. 모양이 갖추어져도 거울에 자신을 비쳐보면 무엇인가가 엉성하고 마
음에 들지 않는다. 아직도 덜 채어진 부분이 많음이다. 채우면서 가는 것이다.
다 채우고 가야지 하면 그 순간 멈추어지는 것이다. 비행기도 공중 급유를 한
다. 더 오래, 더 멀리 가기 위함인 것이다. 시간이 아까운 것이다. 정해진 시간
은 항상 움직인다. 멈추지 않는다.

✌ 초보 딱지 땐 운전솜씨다. 어디론가 달려가고만 싶다.

못 말리는 춘심이의 마음이다.

타오르는 열정을 숨기기 어려워진다. 부모님과 사랑하는 상대에게 제일 먼저 소식을 전하고 싶은 제대하는 군인의 심정이다. 하늘이 열리고, 지상에서는 대지의 용솟음이 불을 뿜는다. 어둠이 걷히고, 밝은 태양이 따사롭기만 하다.

작은 상이라도 받으면 더 큰 기쁨에 따뜻하고 흐뭇함이 가뭄에 단비와 같아 그 은택을 평생 간직하고 싶어진다.

잠이 오지 않아 컴퓨터와 씨름을 한다.
지나친 우려는 건강을 해치는 시기다.

◎ 적적(寂寂), 척척(蹢蹢), 축축(踧踧)이다.

적적(寂寂)

고요하고, 평온함이다.

자신을 바라보는 시간이 많아진다.

스스로의 존재를 물어본다. 나는 누구인가?

나는 무엇을 해야 하는가?

나는 어디서 왔는가?

왜 존재(存在)하고 살아야 하는가? '

많은 것을 보고, 듣고, 읽어야 하는 시기다.

선택(選擇)의 중요성이 강조된다. 어느 길을 갈 것인가?

상대의 심중도 헤아려야 하는 시기다.

나만 세상을 사는 것이 아니다.

✤ 척척(蹢躅)---머뭇거리고, 서성거림이다.

모든 것이 부족하다 느껴진다.

제대로 길을 찾는 사람이다.

시간이 많은 것 같아도 이미 많은 시간이 지나갔다.

나에게도 과거는 존재한다.

과 거는 짧고 미래는 긴 것이다. 미지의 세계를 향한 몸짓이다. 준비에 준비를 거듭한다. 힘들어도 견디어야 하는 시기다. 선뜻 나서기가 두렵다. 이제는 무엇인가를 확연하지는 않아도 아는 것이다. 모를 때는 무모한 도전이라도 하지만, 이제는 그 단계를 넘은 것이다. 성숙도가 깊어 간다.

자기 것은 스스로 챙겨야 한다. 누가 해주지 않는다. 남을 믿고 맡기는 것은 창고 열쇠를 주는 것과 같다. 처자식도 못 믿는 상황이 발생할 수도 있는 것이 세상이다. 매사 일처리를 남의 말만 듣고 결정해서는 안 된다.활용할 요소(尿素)들을 찾아야 한다. 적재적소가 요구된다. 혼자 할 일이 있고, 맡길 일이 있다. 구별이 되어야 한다.

🍎 축축(蹜蹜)---종종 걸음을 친다.

남몰래 하는 사랑이다,
상대방은 내 마음을 알까?

서성거리다 제자리를 맴돌기도 하고 조금씩 나가본다. 때로는 바쁘기도 하고 설레나, 큰 걸음은 내딛지 못한다. 매사가 두렵고, 가슴은 두근거린다. 기대가 크면 실망이 크나, 어차피 가야 할 길이다.

문(門)이란? 들어갈 때 고개를 숙이고 들어가는 것이다.
문(問)이란? 들어갈 때 고하고 들어간다.
문(聞)이란? 들어갈 때 경청(傾聽)하고자 들어간다.
문(扠)을 들어가는 심정으로 매사를 진행해야 한다.

발 한 쪽이 구부러지고, 다른 한 쪽이 펴지는 것은 진행형으로 움직이고 있다. 길(吉)로 본다면 활동(活動)을 하는 것이요, 흉(凶)으로 본다면 불안(不安)하다. 두 쪽이 다 펴져 서 있으면 정지(停止)다.
길(吉)로 본다면 휴식(休息)을 취하는 것이요, 흉(凶)으로 본다면 진행이 멈추어 정지(停止)다. 서로의 의견(意見)이 다를 경우 조절을 해야 한다. 자기주장만 고집 한다면 진도(進度)가 나가지 않는다.

지는 것이 이기는 것이다. 이긴다 해도 지는 경우도 있다.

승패(勝敗)를 떠나 서로 호흡을 조절해야 더 멀리갈 수 있다.

상하(上下)가 조율(棗栗)이 안 된 상태다.

아래만 보이고, 위가 보이지 않는다.

사람의 머리로 친다면 대머리요, 산으로 보면 민둥산이다.

장기적(長期的)인 안목의 투자(投資)가 필요하다.

✌ 이제 본격적인 게임에 임한다.

출발선에서 출발 준비를 한다. 연습이 아닌 실전이다. 선거에서 카운트다운에 들어가기 직전이다. 이제 남은 날은 며칠이 남지가 않았다. 그동안 갈고 닦은 실력을 검증받는다. 수능시험에 임하는 학생이다. 실수란 용납 되지 않는다.

목적지를 행한 힘찬 도전이다.

◎ 아래와 위는 분명히 둘이다.

아래가 있어야 위가 있는 것이다.
상하의 상대적 관계다.

둘이란? 하나인 일(一)에서, 위쪽에 하나 더 생겼다. 하나란 일자위에 위에 자리하고 있으면 상(上)이요, 아래에 자리하고 있으면 하(下)가 된다. 넓은 것 위에 있으니 상(上)이다. 위로 갈수록 작아지고, 좁아지는 것이 순리(順理)다. 하늘과 땅이다. 땅이 더 넓어 보인다. 서 있는 것 보다, 쳐다보는 것에 더 중점을 둔다. 향(向)한다는 것은 전진한다함이요, 추구하는 것이다. 자신의 위치에서 만족하지만, 항상 뜻은 다른 곳에 있다.

마 음이 둘로 나누어지니 의견이 잘 모이지 않는다. 절충해야 하는데, 평행선을 이루니 손이 닿지 않는다. 길면 잘라야 한다. 꺾이기 쉬움이다. 힘든 일은 서로 나누어 분담하라. 혼자 고민하지 말아야 한다. 떨어져 있으면 간격을 좁혀라. 가까이 다가선다. 내가 먼저 손을 내민다. 위에 있는 마음은 가볍고, 맑은 마음이다. 깨끗하고 상쾌한 것이다. 아래에 있는 마음은 무겁고, 탁하고, 아직 정제되지 않은 마음이다. 두 마음을 잘 헤아려야 한다. 순서는 위에서 아래로다.

◎ 안 되는 것은, 안 되는 것이다.

근본이란?

근본이다.

환경에 길들여지는 것이다.

품안의 문제다.

고양이가 개는 될 수 없다.

◉ 대우탄금(對牛彈琴).

소를 상대(相對)로 하여 거문고를 연주한다. 소가 거문고를 탄다고 알 것인가? 우이독경(牛耳讀經)과 상통하는 말이다. 깨달음도 상대 나름이다. 아무리 일깨워도 소용이 없음이다. 포기하는 것도, 기다리는 것도 아니다. 말없이 나의 길을 가는 것이다. 따라오면 다행이고, 미치지 못하면 할 수 없는 일이다.

가정에서 자식과, 배우자도 마찬가지다. 서로가 "아" 하면 "어" 할 줄 알아야 하는 것이다. 인내하며 사는 것이다. 때를 기다리며 참는 것이다. 간혹 불화가 생기는 원인이다. 가망이 없어 보이면 이혼도 불사하는 것이다. 다너 탓이 아니다. 다 내 탓이다. 그것이 삶이요, 순리이다. 어려운 시기다. 참아야지, 참아야지를 반복하라. 그래도 안 되면 할 수 없는 일이다.

◎ 입구(入口)는 하나여도 출구(出口)는 둘이 좋다 했다.

사람의 인체는 한 곳, 입을 통하여 음식을 취하나, 배설기관은 둘이다.
만약의 경우를 대비하여 항상 나갈 구멍을 준비해라.

하나를 배워 둘로 활용하는 것이다. 자고나면 바뀌는 것이 신기술이다. 개발(開發)하는 자만이 승리한다. 저변 확대를 하는 것이다. 위로 올라가려면 바닥이 튼튼해야 한다. 기반(羈絆)을 탄탄히 한 후 움직인다. 다다익선(多多益善)이라 하지만 들어오는 것만, 갖고 있는 것만 생각하는 것이 아니다. 상대적 상황판단을 잘 해야 한다.

항상 나의 입장이 아니라 상대의 입장에서 먼저 생각해라. 나에게 들어오는 것이, 상대에게는 나가는 것이요, 내게서 나가는 것은, 상대에게 들어가는 것이다. 손해보는 것 같아도 매사를 역지사지의 심정으로 처리해야 한다. 비탈길에서는 올라가는 것이 어렵다. 내려가는 것이 쉬운 것이다. 굳이 올라갈 일이 없다면 내려가는 것도 살펴보는 것이다.

수입(收入)보다 지출(持出)을 먼저 생각하여 항상 저축(貯蓄)하라. 기술축적이 중요한 사항으로 나타난다. 혁신과 변화다.

갖추는 단계에서의 확인 사항.

◎ 제도권의 활용이 필요하다.

안개속이라도

가까이

갈수록 더 잘 보인다.

한정된 범위가 정해진 울타리 안에서 활동한다. 범위를 벗어나기가 쉽지가 않다. 생각은 많아도 모든 것이 여의치 않다. 자연 마음에 없는 아첨도 하게 되고, 속으로 흐느끼는 일도 생긴다. 그러면서 성숙한다. 많은 비난이 난무하는 곳에서 버텨야 한다. 대인 보다는 소인이 많은 것이 당연하다. 어려움이 많다. 싫어도, 좋아도 내가 할 일은 항상 있다. 없으면 만들어서라도 일을 찾아야 한다. 삶의 어려움과 중요성을 느낀다.

산 입에는 절대로 거미줄을 안친다. 거미란 참으로 묘한 곤충이다. 왜 산입, 거미 이야기가 나오는 것일까? 우리는 힘들거나 실로 어려움에 닥치면 극단적인 생각까지도 하게 된다. 생명줄에 관한 상상도 해보고 실제로 행하는 경우도 나온다. 잠시 잠깐 생각을 다듬고, 조금만 방향을 틀면 엄청난 차이가 있다는 것을 아는데 그 짧은 순간을 못 참는 것이다. 막상 해결하고 나면 허탈감에 웃는다. "참 바보 같은 생각이었구나!" 하고 말이다. 활용하고 이용하는 것이다.

◎ 칭찬은 돌부처도 웃게 만든다.

비교란 잘하는 사람에게는 칭찬이지만,

못하는 사람에게는 책망이다.

◉ 음과 양의 극단적 비교다.

긍정적인 비교는 망둥이의 경솔함을 잠재운다.

발전적인 향함은 항상 비교가 있어야 진척이 빠르다.

택이란? 엮기도 하지만, 고르는 것이다. 최선책을 찾는다. 최선이 아니면 차선도 괜찮다. 지나친 선택은 오히려 안목을 흐린다. 선례를 참고하는 것도 좋은 방법이다. 활용을 하라. 지나친 감정을 억제하고 스스로를 달래는 것도 즐거움이다. 융화와 화합이 전체를 조화로 이끈다. 이웃의 중요함도 필요하다. 나는 이웃에게 어떤 존재인가? 자주 접하는 것도 자신을 알게 하는 방법이다.

갖추는 단계에서의 실천사항.

뒤집고, 파헤치는 것도 일의 발전을 위한 일이다.

사람이 한 가지 일에만 열중하는 것은 절대 아니
다. 크게 보아 부분적으로 한 가지 일에 열중하는
것 같아도 실제로 본다면 여러 가지 일을 한다.
그 중 제일 큰일은 공부하고, 연구하고, 노력하는 것이다. 물론 주로 하는 일에
대한 공부지만 다른 분야의 공부도 연관 된다.

엎으면 뒤집어야 하는 것이 순리다. 한 가지가 아닌 두 가지다. 그리고
파헤쳐야 하는 것이 또한 일로 나타난다. 엎치락뒤치락 하면서 변화
를 보고, 결과를 확인한다. 순리의 과정을 역으로 되짚어가는 것이다. 거꾸로 가
는 것이 아니다. 일종의 발상전환이며, 역으로 점검을 하는 것이다. 뒤집으려면
구차하게 처리해서는 안 된다. 구차하다함은 게을리 처리하는 것이요, 대충대충
겉핥기식으로 행하는 것이다. 진실로 뒤집고 헤쳐볼 생각이 있다면 허물에 대한
상벌이 확실해야 한다. 비록 친근하고 사랑하고, 인척지간이요, 가족 간의 관계
라도 공과 사를 구별하여 책임관계를 확실히 함이요, 그에 대한 변화를 확인하
고, 관계를 공고히 함이다.

◎ 세월이란 가만히 있어도 절로 흘러간다.

시간이 흐르면서 덩달아
저절로 밀리면서 지나간다.
아이가 어른이 되고,
나이가 들면서 늙어진다.

지금이라는 상황은 항상 변하는 것이다. 늙어간다는 것은 죽어간다는 것이다. 죽음의 문을 향하여 걸어간다. 절로 쓰러지는 것이다. 다만 차이가 있다면 걸어가는 것인가? 뛰어가는 것인가? 심하면 날아서도 간다. 길을 오래 가려면 쉬엄쉬엄 쉬며 가는 것이다.

일이란 서둘러 뛰어가며 할 일이 있고, 천천히 쉬어가며 하는 일이 있다. 늙어가듯 마냥 가는 것이 아니다. 완급조절을 이루어야 한다. 늙어가는 것과 성취하고자 하는 것은 다르다. 가만히 있어도 되는 것과, 움직여야 되는 것의 차이다.

사물에 대한 완급조절을 구별해야 한다. 안목의 차이가 아니다. 깨달음의 차이다.
가더라도 엉키면 안 된다. 순리대로 차례를 지키며 이루어야 한다.
아무리 바빠도 질서가 있다.

◎ 가다가는 쉬고, 쉬다가는 간다. 결국에는 뒤진다.

**어려움을 헤치고 나가는
혜안慧眼이 필요하다.**

세찬 바람을 신풍迅風이라 하고, 질풍疾風이라고도 한다. 정상적인 바람이 아니다. 병病든 바람이다. 살면서 세찬 바람을 맞는 것은 삶의 풍파다. 이것을 피해야 할 것인가? 아니면 견디고 일어설 것인가? 바람에 비까지 겹치면 더더욱 곤란하다. 먼 길이라도 돌아서 갈 것인가? 비바람을 피하는 것이 목적이다. 직선 길이 아니고 구부러진 길 일 수도 있다. 떳떳하지 못함은 항상 마음을 올바르게 인도하지 않는다. 진실을 부정하고 거짓을 앞세우고, 과장을 일삼고, 변명을 늘어놓기 마련이다. 이곳저곳을 빙빙 돌다보면 어지러워 스스로 정신을 차리지 못한다. 세상물정에 정통하지 못하니, 자연 사정에도 어두워진다.

모든 판단에 있어서 자꾸 실수가 반복 된다.
그럴 듯하게 큰 소리는 치지만 항상 불안하다.
스스로 마음의 병을 만든다.

◎ 섬세함이다.

가늘고 여림이나 그 강도가 자못 강하다. 머리카락도 알고 보면 매우 단단하다. 실과도 같고 어떨 때는 칼과도 같은 날카로움을 나타낸다. 크고 단단한 것만이 강한 것이 아니다. 보기에는 가늘고 연약해 보여도 실로 대단한 위력이 있다. 여성이라고 하여 항상 얕잡아 보다가 큰 코 다친다. 음이 득세하는 시기라 그 힘이 막강하다. 그 힘을 측정한다는 것은 쉬운 일이 아니다. 수증기가 모여 물로 변하면 그 힘이 강해지듯 눈앞에 나타난 자연적인 약함으로 오판하지 말라. 세부적인 특성을 알고 대처해야 한다.

◎ 자신의 주가는 스스로 올리기도 하지만,
　　분위기가 형성되어 이루어져야 참다운 것이다.

어느 날 갑자기 세계적인 스타로 입지를 다진 싸이라는 가수의 경우처럼 남들이 인정하는 진정한 스타가 된다. 그 이전에 그의 남다른 노력도 우리는 간과해서는 안 된다. 그 보다 더 노력을 하는 사람도 있겠지만 다 팔자다. 타고난 능력과 운도 동반된다. 하늘이 맑고 갠 모습을 보이는 것은 허공에 있는 많은 먼지와 불순물들이 제거되었기 때문에 더 맑아 보인다. 높은 산은 험하고, 힘들어 아무나 올라가기 어렵다. 지식이란 헤아릴 수 없이 많고 다양하여 그 수를 셀

수 없는 것이요, 깊이 또한 무궁무진하여 그 한계를 논 할 수 없다. 항상 쉬지 말고 노력하는 것이다.

높나지고 낮아짐은 내가 처신하기에 달렸다.

◎ 능력과 임기응변

일을 처리함에 있어서 그 때 그때 닥칠 때마다 일을 처리하다 보면 두서가 없다.

일이란 항상 앞, 뒤를 잘 살펴 처리하는 것이 정도다.

아무런 준비도 없이 상황에 따른 처신만 하다보면 당시는 임기응변에 능하고 능력이 있는 것 같아 보이나, 아차 실수로 이어지면 모든 일이 엉키고, 섞여 해결할 방법이 없다.

저축이란 생각을 안 한다. 미래에 대한 계획이 없으니, 일의 능률도 오르지 않는다. 기대치가 떨어지니 주변으로부터 외면당한다. 겨우겨우 먹고 지내는 형편으로 떨어진다. 저축을 하는 사람과 안 하는 사람의 차이는 휴식을 취할 때 나타난다. 알뜰히 모으는 사람은 쉬면서도 미래에 대한 희망을 갖지만, 그렇지 않은 사람은 쉬고 나면 일할 걱정이 앞서게 되는 것이다. 희망과 걱정의 차이지만 그 격차는 점점 벌어지는 것이다. 공부를 꾸준히 하는 학생과 벼락치기 공부와의 차이나 같다.

제2장

출사(出仕) 편

길이 보인다.

가는 방법은 알았다. 갈 곳은 정해진 것이다.

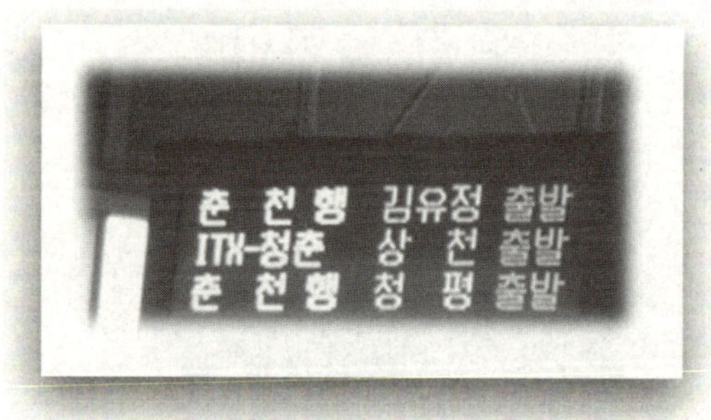

이미 출발은 된 것이다. 그것도 3종류다.

목적지도 정해진 것이다. 선택은 당신의 몫이다.

이제는 가는 도리밖에는 없는 것이다.

제❷장----- 출사(出仕)편

출사(出仕)란 무엇일까?
이제 어디로 갈 것인가?

4. 넷 째 마당  4월

출사(出仕), 앞이 보인다.
길이란 앞으로 나가기 위한 것이다.
고속도로를 갈 것인가? 비포장도로를 갈 것인가?
산길로 갈 것인가? 물길로 갈 것인가?

5. 다섯 째 마당  5월

등극(登極)이다. 겨우 올라온 것다.
정상이란? 피안1)의 도피처다.
정상이란? 올라서면 디딜 곳이 없어 내려와야 하는 곳이다.

6. 여섯 째 마당  6월

하산(下山)을 한다.
부산물을 정리하는 것이다.

---

1) 이승의 번뇌를 해탈하여 열반의 세계에 도달하는 일. 또는 그 경지.
↔차안(此岸).

본격적인 여름이다.

그동안 이루어놓은 것을 효율적으로 관리하는 시기다.

많은 난관이 닥치지만 슬기롭게 이겨나가야 한다.

땀 흘린 뒤의 휴식은 마음을 더욱 들뜨게 한다.

第四

출사(出仕)

출발이다.

경기의
시작을
알리는
총성이
울렸다.
이것저것
따질 것 없다.
오로지 일단
나가야 한다.
뒤돌아 볼
여유가 없다.
준비, 망설임,
자신감 다
필요 없다.

준비된 군주는 없다. 다 준비가 되었다면 그것은 반역이다.
역적이다. 군주를 없애고 자기가 그 자리에 앉으려는 것이다.
기다림이 순리다.

청명(淸明)

청명(淸明),곡우 (穀雨)의 절기가 있는 시기다.
청명에는 봄 농사를 준비한다.

곡우(穀雨)

곡우에는 봄 농사비가 내리기 시작하는 시기다.
시기적으로 준비된 화살을 당기고 쏜다.

준비가 미진하다면 당신은 시작을 잘못 한 것이다.
또 한 번의 점검이 필요하다.

출사出仕 단계에서 나타나는 특징.

✌ 일단은 출발이다.

길이란 앞으로 나가기 위함이다.

아마추어가 아닌 프로로 입문하는 것이다. 공은 던져졌다. 낙하산을 메고, 허공을 향한 질주疾走가 시작된다. 올라 갈 길은 없다. 무사히 안착하는 방법 외는 -- 잡념雜念을 버려야 한다.

중단 없는 전진만이 있을 뿐이다. 세상을 사는 즐거움이요, 아픔이다.

선거에서 후보 간의 대결로 본 게임에 들어선다.

승자와 패자만이 남는다. 치졸한 방법들이 나온다.

남이야 욕을 하든 말든 수단과 방법을 가리지 않는다.

무조건 이기고 보자는 잡놈들의 사고방식이 나타난다.

진정한 대인은 눈을 감는다. 꼴들이 보기 싫은 것이다.

진정한 대인은 그래도 적응하며 돌파구를 찾는다.

사는 죄인 것이다. 그래서 소인으로 세상에 있는 것이다.

✌ 무엇인가 이루어져나가고 차곡차곡 쌓이는 느낌이다.

진정한 진검 승부가 시작 되었다.

온실에서만 있다가 이제는 자립의 본격적인 게임에 임한다.

부실한 것들은 자체적으로 정리가 되고 정예요원들만 출정한다.

사기가 충천하는 것이다. 누가 말릴 것인가?

◎ 산山이란 흙으로 이루어지는 산山도 있다.

세 상에 널린 것이 소위 토산土山이다. 굳어진 땅이라 쓸모없다. 사주 상담을 하다보면 이런 성향의 사람들이 생각보다 매우 많다. 활용하기도 어렵지만, 가능하다면 큰 변화가 나타난다. 방법은?

젊고 기운이 왕성하다는 것은 갖고 있는 높은 뜻과 웅지가 크다는 것이요, 힘이 넘친다. 할 일도 많고 욕심도 많다. 의욕 또한 왕성하다. 자손을 번창 하게 하는 것이요, 가업을 흥성하게 한다.

나무가 쑥쑥 자라듯 성장 속도도 빠르다. 모든 것이 넉넉하니 주변이 편하다. 천맥(阡陌)교통(交通)이라 논과 밭 사이의 길이 사방으로 트이고 넓다. 모든 것이 일사천리(一瀉千里)다. 방법이 문제이나 해결방법은 항상 있게 마련이다. 비교하는 것을 멈추고, 서로간의 교감을 형성하여 떳떳함이 앞선다면 수월하게 해결한다. 자신을 버려야 한다. 희생이 앞서면 성공한다. 같은 곳을 향하는 마음이 때를 만나니 이루어짐이다.

◎ 듣는다는 것은 관심이 있다는 것이다.

듣고 행함은 올바른 것이나,

옳고 그름을 일단 판단하고

후에 행함이 더욱 올바르다.

듣는 것에 있어서는 혼자 들으면 항상 문제가 생긴다. 여러 사람이 들어야 많은 소리가 나온다. 듣기만 하고 말이 없다면 안 들은 만 못 하다. 들어도 한 소리만 들어서는 안 된다. 많은 소리를 들어야 한다. 소리의 강약과 고저를 다 들어야 한다.

국민의 소리를 못 듣는 관리나, 공직자들은 귀의 문을 항상 열어두어야 한다. 철 밥통이라고 귀까지 쇠가 되어서는 안 된다. 듣도 보도 못 한 소리는 소리가 아니다. 소리를 감별해 들어야 한다. 모든 순리의 소리를 들어야 한다. 듣기 싫은 소리가 들리면 싫은 것이 당연하다. 소음이요, 굉음으로 여겨지니 좋다할 이유가 없다. 그래도 들을 때는 들어야 한다. 도랑의 한 복판에 돌이 쌓여 있으면 치워야 물의 흐름이 원만해진다. 치우지 않으면 막히고 넘쳐 옆으로, 밖으로 흘러 주변이 질퍽하고, 어지러워진다. 듣기 싫은 소리는 안 들리도록 직접 나가 치워야 하는 것이다. 돌에 막혀 넘치는 소리보다, 소통이 원활하여 물 흐르는 소리가 아름답게 들려야 마음이 통하는 것이다.

출사出仕 단계에서의 확인사항.

◎소불여의(小不如意).

주변의 분개한 눈총에 꼬리를 내리는 시기다.
내부에서 밖으로의 발산을 자제해야 한다.

뜻이란? 바라는 것이 큰 것이든, 작은 것이든 이루어지기를 바라는 마음에서 우러나오는 것이다. 그런데 그것이 이루어짐이 없이 지나가 버린다면 실망(失望)은 참으로 클 것이다. 어느 정도 이루어지고, 어느 정도는 안 이루어져도 속상하고 애타는 일인데, 아주 작은 부분마저도 이루어지지 않고 전혀 반응이 없는 경우다.

◎ 베푼다는 것은 겉으로 환함을 나타낸다.

추 우면 더 몸을 감싸고 더우면 걸친 것을 벗어던지는 것이 몸의 체온을 유지하는 법이다. 바람이 불어도 옷깃을 더욱 더 단단히 조이는 것 또한 순리다. 강압적인 것 보다는 부드러운 것이 효과가 크다. 스스로 알아서 하도록 하니 얼마나 좋은가? 강압적인 것은 힘은 들어도 시간이 걸리지 않으니 좋고, 유화적인 것은 힘은 안 들어도 시간이 많이 걸린다. 강압적인 것은 불평과 불만이 생기고, 부드러운 것은 무시와 거부반응이 생긴다.

◎ 새가 날아 내 릴 때, 날개를 좌우로 드리운다.

고속도로를 갈 것인가?

비포장도로를 갈 것인가?

재 능이 없고 자격도 없는 사람이 높은 자리에 있다. 물론 낙하산도 다 재주지만 이것은 아니다. 나쁜 것을 나쁘다고 말하지 않고 침묵한다. 도리에 어긋나고 인정을 벗어난다. 은덕이란 아무 곳에나 베푸는 것이 아니다. 받아서는 안 될 것을 가만히 앉아서 받는 것이다.

분 수에 맞지 않는 희망은 버리는 것이 좋다. 남의 허물을 들추어내고 비방하는 것은 아니다. 쓸모없는 사람이 되어버린다. 할 말 안 할 말 을 가려 함이다. 장점이 있으면 단점이 있고, 단점이 있으면 장점이 있다. 어느 한 쪽에 치우치는 것 보다는 강, 온 을 병행하여 사용하면 일거양득이나, 실제 는 그것이 그리 쉬운 일은 아니다. 그래도 해야 하는 것이 지금의 시기에 할 일 이다.

◎ 바람을 타고 공중을 나는 것은 새가 하는 일이다.

사람이 새가 되듯 하늘을 나는 것은 비행물체에 몸을 의탁하는 것이다.
날개가 달린 것과, 안 달린 것의 차이다. 날아 움직인다는 것은 생동함이다. 생
동이란 기의 상승함이 극을 향하는 것이요, 그 흐름이 빠름이다.

성인과 같이 존경받고 능력이 출중한 자가 천자의 자리에 앉아 있음은 당연한 것
이나, 무능하고, 비윤리적인 새대가리를 가진 자가 천자의 자리에 앉아 있음은 단
지 비상하여 쉬고 있는 것뿐이다.

◎ 고기에서 살을 발라내면 뼈가 남는다.

모든 사물에는 핵심적인 역할을 하는 중추적인 부분이 있다. 조직이나 일을 행함
에 있어서도 마찬가지다.

잘못된 부분을 지적하거나. 진행에 있어 날카로움을 보이는 것 그 자체가 중추
적 역할을 한다. 겉으로는 보이지 않으나 묵묵히 자기의 직분을 다하는 것도 중
추적인 역할을 하는 것이다. 자질구레한 것들이라도 다 제 역할이 있으니 이 또
한 크게 나타나지 않아도 중추적 역할이다.

◎ 대비가 튼튼하면 어려움을 당해도 충분히 견딘다.

허접이 없다는 것은
빈틈을 주지 않는 것이다.

길흄로 본다면 견고하니 단단하고,

헛된 사기가 침범을 못하니 좋은 것이다.

흉凶으로 본다면 지나치게 딱딱하니 유연함이 부족하고, 무미건조함이다.

침 묵으로 일관하는 것이다. 너무나 고요함이다. 침묵으로 일관하는 것이다. 너무나 고요함이다. 준비에 만전을 기한다는 것은 평시에 단결이 잘 된 것이다. 두 사람이 합심하면 날카로움이 쇠와 같고, 향기로움이 난초와 같다 하였다. 친구간의 정의가 매우 두터움이다. 주변과의 협력이 잘 이루어진다.

고난은 시련이요, 경험이다.

칠난팔고(七難八苦). 일곱 번의 어려움과, 여덟 번의 고난이다. 온갖 고난(苦難)과 고초(苦草)를 이른다. 산전수전(山戰水戰) 다 겪는다. 칠전팔도나 마찬가지다. 종국에는 목표에 도달한다.

◎ 쫓아다니며 일을 처리하는 것도 능률을 올리는 방법이다.

같이 어울리며 신속하게
직접 처리한다.
맡기는 경우도 있지만,
직접 챙기는 경우도 있다.

일

이란 신속함을 요하는 경우가 많다. 지체하여 좋은 것은 없다.

덕이란 선인의 옳은 가르침과 뜻을 기리는 것으로 열심히 심신을 수양해야 그 빛을 본다. 시작이 빠를수록 좋은 것이고, 직접 행한다면 더더욱 좋다.

느슨해 진다함은 방자해짐이 나타난다. 진실로 늦추는 것은 헤아려 볼 사안이나 웅크리고, 힘쓰지 아니하고 느슨해지는 것은 사설을 늘어놓는 것이다. 복지부동 한다함은 애써 일을 하여 공을 올리지도 아니하고 모든 이권과 혜택을 편안히 누림을 말하는 것이니 오히려 위화감만을 조성한다.

계층 간의 갈등을 조성하는 것이다. 어찌어찌하여 대학 간판이나 걸고, 저찌저 찌 하여 공무원이나, 국영기업체, 대기업에 취업하여 일신의 영달이나 누리고저 하는 것이다. 그것이 삶의 목표가 아니라는 것이다. 수단에 불과한 것이다. 수단 으로써는 훌륭하나, 목표도 그리 훌륭하게 직접 정하라.

◎ 분골쇄신1) (粉骨碎身)은 아니다.

뼈가 가루가 되고,

몸이 부서진다면

이미 죽은 상태다.

신(身)이 다 사라지는 것이다. 심(心)은 의지할 곳이 없다. 심신(心身)이 사라진다. 없는 상태에서 무엇을 한단 말인가? 아무리 헌신(獻身)하고, 정성(精誠)을 다 한다 해도 그리 될 수는 없다. 최선(最善)을 다하는 정도로 하라. 그것도 정성이다. 미치지는 말아야 한다.

잃는 것이 너무 많음이다. 과욕은 항상 무리를 빚어낸다. 지나친 충성(忠誠)도, 지나친 낙관(樂觀)도 말아야 한다. 지나친 신뢰(信賴)는 불신을 창조한다. 실망(失望)이 크다.

목표(目標)를 항상 적당히 잡아라. 그것이 순리(順理)다. 사람이 걸음을 걷는 것, 한계(限界)가 있다. 두 발로 동시에 절대 걸을 수 없다. 그것은 뜨는 것이다. 뜨면 가라앉는 것이요, 낙하(落下)하는 것이다. 한 걸음씩 걸어야 한다. 분골쇄신(粉骨碎身)이란? 자기의 목적달성을 위한 방편이다. 분골쇄신(粉骨碎身)에는 다른 의미(意味)도 있다. 정성(精誠)을 다해 노력(努力)을 하고, 갖은 방법도 동원하여 뜻을 이루고저 하는 행위이지만, 반대로 그리 죽는 것이요, 죽음을 의미한다.

---

1) 뼈가 가루가 되고 몸이 부서진다는 뜻으로, 정성으로 노력함을 이르는 말.

◉ 음과 양의 원리이다. 극(極)에 다다르면 반대로 되는 것이다.
그래서 하지 말라는 것이다.

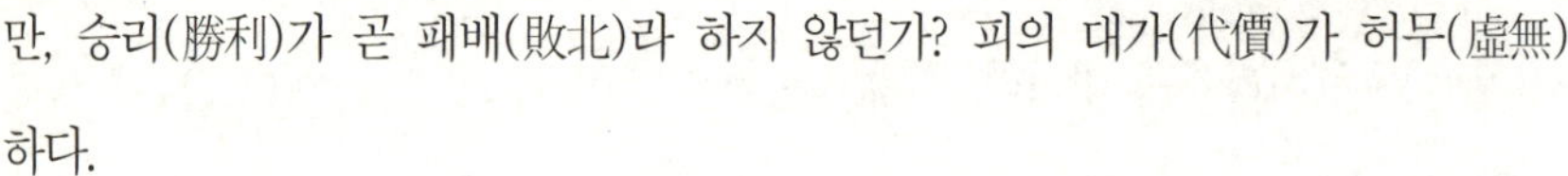

극(極)으로 치닫는 과정은 참혹하다.
살상殺傷을 하여야 전장에서 승리하는
그런 시대는 아니다.
물론 전쟁이란 상대방을 극하여야 이기는 것이지
만, 승리(勝利)가 곧 패배(敗北)라 하지 않던가? 피의 대가(代價)가 허무(虛無)
하다.

**진정한 승리(勝利)란 싸우지 않고 이기는 것이다. 상대방을 앞질러 나가야 빨리
가는 것은 당연하다. 순리(順理)대로 앞질러 가라는 것이다. 쉬거나, 머무르는 사
이 지나간다. 누가 무어라 할 것인가! 짓밟고는 가지 말라. 칼로써 흥(興)한 자는,
칼로써 망(亡)한다.**

중상과 모략으로 정상(頂上)에 올라서면 당신도 그리 당한다. 당신의 아랫사람
들이 그리 올라가는 당신을 보고 무엇을 배웠겠는가? 환경(環境)이 중요하다.
백 번 사사로움의 편익을 위하고, 처신하고, 행동하고, 사사로운 연을 우선으로
한다면, 한 번의 공익과, 순리도 외면하는 것과 같음이다. 규칙과 법을 외면하
고 공적인 공을 천시하는 것이다. 실로 위험한, 양심에 가책도 못 느끼는 불행
한 인간이 되는 지름길의 동행자가 되는 것이다. 이어지는 반복에 많은 사람들
이 당하면서 등장하고, 사라지는 것이다.

◎ **대화**對話

가정에서 식사시간이 긴 집안은 화기애애하다. 온 식구들이 얼굴을 맞대고 앉아 대화를 나누며 배운다. 다과나 차를 마시는 시간이 중요한 것도 마찬가지다. 차나 식사는 대화(對話)를 창출하는 중요한 요소(要素)다. 대화를 창출하는 요소는 많다. 

그 요소들을 찾아 분발하는 시기다. 취미활동을 적극 활용해야 한다. 성동격서1)(聲東擊西)다.

상대방에게 편안함을 준다. 힘들고 어려울 때 도와주고, 격려하고, 같이 있어만 주어도 고마운 것이다. 상대방이 의지하고 싶어 한다. 자리를 내 주어야 한다. 뜻을 기리는 일에 충실(充實) 하는 것이다.

앞선 사람들의 장점을 취하여 진로에 디딤돌로 삼아야 한다. 숭고한 뜻에 존경을 표하고 길이 지킨다. 쉬지 않고 노력(努力)하고, 장고(長考)를 거듭해야 한다. 지금은 한창 왕성하나 계속 이어진다는 보장은 없다. 미리미리 기울어진 상태도 가상(假想)하여 준비를 소홀히 해서는 안 된다. 불씨란 모여야 더 오래간다. 항상 단결하여 분란이 일어나지 않도록 단속을 철저히 해야 한다.

---

1) 동쪽을 칠 듯이 말하고 실제로는 서쪽을 친다는 뜻으로, 기발하게 적을 공략함의 비유

◎ 고침단금(孤枕單衾).

베개도 하나요, 덮는 이불도 싱글로 한 채 이니 원룸이다. 혼자서 외로운 것이다. 독수공방(獨守空房)이다.

혼자서 잠을 잔다면 외롭고, 쓸쓸하다고 생각을 한다. 지나치게 보는 관점은 음(陰)과, 양(陽) 의 합(合)만을 생각해 보는 것이다. 오히려 음 과 양이 혼잡할 때는 홀로 잠시 자리하는 것도 좋다. 그래야 서로의 존재(存在) 를 다시 한 번 생각하여보고, 소중함을 느낄 수 있다. 나름대로 혼자의 고전적 인 충전(充電)을 한다. 가끔씩은 필요한 시간(時間)이요, 그것도 일의 일부분이 다.

◉ 자녀가 많은 집안에서는 가 자녀마다 따로 방을 하는 경우도 있겠지만 아들 들, 딸들 하여 방을 하는 경우도 있다. 안방은 우선으로 하여 있으면서 자녀들 방은 없는 경우도 있다. 요즈음은 자녀들의 수가 적으므로 각자가 방을 쓰는 경 우도 있는데 복수가 되는 경우는 시끄럽고, 단수가 되는 경우는 조용하다. 성격 도 그로인해 나타나고 변화가 된다. 가끔씩은 변화라는 것이 필요한데 모이고, 흩어지는 습관도 필요한 것이다. 음양으로 본다면 단순하면 복잡하게 하는 것이 요, 복잡하면 단순하게 하는 것이다. 식구가 단출 할수록 식사는 항상 같이하라.

결혼해서 내 자유가 구속당하는 기분이다.
사랑과 행복이 혼돈되는 시기다.

● 군웅할거(群雄割據)

많은 영웅들이 각지에 자리 잡고 서로가 세력을 다툼. 오늘의 친구요, 동료가 내일은 나의 경쟁자다. 생존경쟁이라지만 서로간의 상생을 찾아야 한다. 유아독존[1](唯我獨尊)은 없다. 중화(中和)를 이루어야 한다.

재주가 있어 돈 좀 벌었다고, 있는 자 행세를 한다. 시골부자나 도시부자나 부자는 다 같다. 다만 격(格)이 다를 뿐이다.

돈 좀 있다 보니, 이제는 무엇인가? 감투 생각이 난다. 쥐뿔도 없는 것들이 목에 힘주고 다니는 꼴을 보니 심사가 뒤 틀리는 것이다. 그래 나도 한 자리 한 번 해보자. 저런 놈도 하는데 나라고 못할 것이 무엇인가? 하면서 이판저판 기웃거리며 껄떡거리다 결국은 털고 나온다. 놀음판을 잘못 선택한 것이다. 내가 놀 마당이 아닌데 말이다. 아직 밑천이 모자라고, 더 벌어야 한다. 버리는 셈치고 하는 게임이어야 한다. 손으로만 가르치다 보니, 이제는 막대기로 짚어가며 가리키고 싶은 것이다. 앉아서만 시키는 것이 아니라, 움직이면서 시키고 남들이 굽실거리는 것이 부러운 것이다.

---

1)세상에서 자기 혼자만이 잘났다고 뽐내는 태도 '천상천하 유아독존'의 준말.

◎ 처신의 정도.

사람이란 걷다보면 달리고 싶어진다.
달리다보면 또 날고 싶어진다.

에이 쌍! 하면서 칼을 빼든다. 썩은 무라도 자르자는 것이다. 칼날에 손을 다치는 것이다. 피가 난다. 골병이 든다. 칼을 다루는 솜씨가 미숙하다. 실전사부를 만나 수련을 하라. 일을 처리함에 있어서 나타나는 현상이다. 알면서도 모른 척 하기도 하고, 모르면서 아는 척 하며 사는 것이 인생사다. 상대의 흉은 알아도 발설하지 않고 덮어두기도 하고, 내 자신의 작은 잘못이라도 끄집어내 스스로 용서를 구하기도 한다.

대인의 덕목은 상대의 작은 티끌이라도 불편해 하면 뽑아 시원하게 해주는 것이요, 발에 찔려 피가 흐르면 닦아주는 것이 진정한 행함이다. 느슨하고 헐렁헐렁 함은 처신에 절도가 없음이다. 미지근한 물에는 손을 집어넣을 수 있지만, 뜨거운 물에는 아무도 손을 넣지 않는다. 마음이 항상 정의에 불타 뜨거우면 감히 근접하지 못한다. 순리에 항상 불같은 정열이 필요하다.

◎ 곧은 길 로만 가면 쉬 피곤해진다.

진정한
군자가 되기 위한 덕목이다.

일직선인 고속도로를 계속 가다보면
착시 현상이 일어난다.
사람? 정도로만 사는 것이 아니다.
편도도 편도 나름이다.
순리에 따른 편도이다.

가끔은 정도를 벗어난 생활을 하곤 한다. 반성하고 후회하고 자신을 채찍질 하는 것이다. 정도로만 산다는 것은 참으로 어려운 일이다. 아래에서 위로 올라가려면 굽어진 것이 편하다. 삶도 마찬가지다. 너무 고지식한 사람은 따분하다. 밥만 먹고 사는 것이 아니듯, 가끔은 간식도 해야 입이 즐겁다. 그래야 주식의 고마움을 아는 것이다.

여기서 "못 된 송아지 엉덩이에 뿔이 난다" 는 말이 나온다. 발상의 전환에서 행동으로 옮겨지는 것인데 똥, 오줌 가리지 못할 정도라면 할 말이 없어진다. 요즘은 사람들이 약아서 절대 손해 날 일은 하지를 않는다. 자신에게 득이 되지 않는 일은 안한다. 그러다보니 자기 꾀에 넘어가 종종 사기를 당한다. 돈 많은 과부!, 돈 많은 홀아비! 타령이지만 그 정도라면 당신을 찾지는 않을 것이다. 미혼도 마찬가지고----

◎ 하늘과 땅이 있고, 그 다음에 사람이 있다.

건(乾)과 곤(坤)이 있은 후 즉,

천지(天地)가 있은 후

인(人)이 생기므로

천지인(天地人)

삼재(三才)가 이루어진다.

삼재(三才)란? 사람의 얼굴을 본다면 이마, 코, 턱이 된다. 음양(陰陽)의 조합(組合)이다. 양(陽)이 홀로 서니 오른 쪽으로 기울어져, 안쓰러움에 음(陰)이 그 뒤를 받쳐준다. 서로간의 협력이다. 독불장군은 없다. 힘들고 어렵다고 포기하지 마라, 돕는 사람이 나타난다. 기본적인 요건이 갖추어져야 이루어진다. 완벽한 갖춤이 된 후에 형성이 된다.

성 급하게 서두른다고 되는 일이 아니다. 순리(順理)가 있고, 상하(上下) 순서가 있다. 덕(德)을 베풀어야 한다. 덕이란 보이지 않는 손이요, 당연히 해야 할 일이기에 남에게 자랑할 일이 아니다. 굳이 숨길 필요까지는 없다.

보은(報恩)이다. 은혜(恩惠)를 입었으면 보답(報答) 해야 한다. 작은 도움이라도 잊지 말고 감사하고 갚아야 한다. 인연(因緣)이란 귀(貴)한 것이다.

◎ 상대방에게 편안함을 주는 것이다.

힘들고 어려울 때 도와주고, 격려하고, 같이 있어만 주어도 고마운 것이다. 상대방이 의지하고 싶어 한다. 자리를 내 주어야 한다.

뜻을 기리는 일에 충실(充實) 한다. 앞선 사람들의 장점을 취하여 진로에 디딤돌로 삼는다. 숭고한 뜻에 존경을 표하고 길이 지킨다.

내가 잘 되는 것이 주변을 안심시키고 편안함을 주는 것이다. 쉬지 않고 노력(努力)하고, 장고(長考)를 거듭해야 한다. 지금은 한창 왕성하나 계속 이어진다는 보장은 없다. 미리미리 기울어진 상태도 가상(假想)해 준비를 소홀히 해서는 안 된다. 불씨란 모여야 더 오래가는 것이다. 항상 단결해 분란이 일어나지 않도록 단속을 철저히 해야 한다. 항상 어려우면 문제가 발생한다. 불씨가 꺼지기 시작하면 순식간에 암흑으로 변한다.

지나친 관심도 필요하지만 때로는 무관심도 상대를 편안하게 하는 방법이다. 나름대로 상상의 나래를 펴는 시간과 공간을 주는 것이다.

◎ 자신의 능력(能力)이 돋보인다.

성실과 노력의 결과(結果)다. 보기에 좋다는
것을 알면서도 귀찮고 애쓰는 것이 싫어 마
는 것이 상례(常例)다.
고진감래(苦盡甘來)다.

맛이 가야한다. 좋은 의미의 맛이다. 흥미를 갖고 필연을 느껴야 한다. 먹을 때
감미로움은 누구나 느낀다. 뒤에서 흘린 땀의 노고를 알아야 한다. 기회(機會)
는 균등(均等)하다.

무조건 애 쓴다고만 될 일이 아니다.
자기의 능력과 그릇을 알아야 한다.

맹 목적인 처신과 군중심리에 의한 따라가기는 피해야 한다. 팔리지 않
는 땅이 있었다. 가격도 저렴하였다. 어느 날 땅, 땅 하는 사람의 눈
에 보였다. 중개인의 그럴듯한 말이다. "언제 누가 살지 모르니 빨리 잡으십시
오, 이런 땅 요즈음 같은 시기에 눈 뜨고 구하기도 어렵습니다!" 맞는 말이었다.
"아, 나에게도 기다리는 땅이 있었구나!" 신이시여, 감사합니다! 얼마 후, 그는
뒤통수를 치며 자기의 우매함을 탄식한다. 그러면 그렇지, 그런 복이 나에게 있
을 리가! 맹지1)(盲地)였던 것이다.

◎ 사통팔달(四通八達)[1]이다. 만사형통(萬事亨通)이다.

막힘이 없다. 원하는 대로 갈 수 있다. 그러나 무엇이든 원하는 전부를 이룰 수는 없다. 다만 뜻을 이룰 수 있다는 것뿐이다. 여기서 많은 실수가 나온다. 도착했고, 갈 수 있다는 것뿐이지 다 이루었다는 것은 아니다. 대권후보가 되었다

는 사실이지, 대권(大權)을 쥐었다는 이야기는 아니다. 많은 가능성(可能性)은 갖고 있지만 보장된 것은 아니다.

대권을 꿈꾸는 잠용이라는 표현을 많이 하는데 잠용이란 이미 그 자체로 물용이라 활용도에서는 끝이 난 용이다. 물속에 잠긴 용이라, 의미만 있는 것이지 쓸모가 없는 용이다. 애초에 물속에 잠겨 그 곳이 활동 영역이요, 생활공간이라는 것이다. 하늘을 비상하면서 활농하다 잠시 휴식을 취하는 용이 아니라는 것이다.

아무 곳이나 갈 수 있다는 것도 커다란 선택 권한을 갖고 있는 것이다. 올라갈 수도 내려갈 수도 있다. 뛸 수도 있고, 빠질 수도, 달릴 수도, 날 수도 있다. 물론 뒷걸음질도 가능하다. 선택의 기로에 선 것이다.

인기 없는 프로의 상영은 항상 한산하다.
지금은 훌쩍 뛰어넘는 도약의 시기다.

---

1) 사방으로 통하는 길이 없이 막힌 땅. 갇혀버린 땅이다.

◎ 방어를 하여도 주된 방향이 있다.

아래 위를 방어를 할 것인가?
좌우를 방어할 것인가?
방어하는 주된 위치에 따라
상황이 달라진다.

사방을 잘 보아야 이기는 것이요, 정확하게 명중한다.

아래위인 상하를 위주로 할 경우는 좌우가 자연 좁아진다. 왜? 좌우가 보여야 상하를 제대로 방비한다. 좌우를 방비할 경우는 상하가 좁아진다. 이 역시 마찬가지다. 승진을 할 것인가? 말 것인가? 주변의 경쟁자들을 잘 보아야 한다. 누가 앞서는가? 누가 빨리 가는가? 상황에 따른 변화에 적응을 해야 한다.주변의 경쟁자들을 방비하려면 위아래를 잘 보아야 한다.

어디에 연결이 되어있는가? 어느 노선인가 알아야 중복이 없다.
어느 분야를 파고드는 가? 아는 것이다.
경쟁업체의 성향을 파악한다.
목표물을 정해야 실수가 없다.

◎ 둘을 하나로 한다는 것은 쉬운 일이 아니다.

단순히 생각하면 묶거나 연결하면 되는 것이나 서로간의 이해가 앞서면 이루기 어렵다. 서로가 제 멋대로 한다면 아니 한만 못하다. 서로의 뜻을 알려면 넓게 펼쳐라. 순리를 거역하지 않고 논리적으로 버릴 것은 버리고 취할 것은 취해 서로의 이해에 부합하도록 한다.

방법이 문제이나 해결방법은 항상 있다. 비교를 멈추고, 서로간의 교감을 형성하여 떳떳함이 앞선다면 수월하게 해결한다. 같은 곳을 향하는 마음이 때를 만나니 이루어짐이다.

◎ 연륜이란 기력이 쇠하여졌지만 익숙하고 노련함이다.

패기와 연륜이 조화를 이룬다면 금상첨화다. 서로간의 존중과 이해가 필요하고, 양보가 절실하다. 장점을 서로 보완해야 한다. 다 장단점이 있다.

본능적인 욕망은 늙어서도 지쳤다고 사라지는 것이 아니다. 말을 못하면 입에서 침만 질질 흘리는 것이요, 그것도 모자라면 눈만 끔뻑끔뻑하는 것이요, 그것도 모자라면 멍하니 바라만 보는 것이요, 그것도 모자라면 눈을 감고도 빙그레 웃는다. 보지 않아도, 보이지 않아도 본능적인 욕망이란 죽어서나 없어진다. 욕심이란 이처럼 명줄을 놓아야 사라진다.

◎ 산계야목(山鷄野鶩).

야목(野鶩)은 들오리요,
산에 사는 닭은 꿩이다.
각자가 개성(個性)이
매우 강한 성향(性向)을 나타낸다.

제재(制裁)하는 환경이 취약하여 모든 것을 스스로 해결하고, 결정하므로 타의 간섭이나, 억압을 싫어한다. 사람으로 비교 한다면 조언(助言)이나, 충고(忠告), 잔소리, 부탁 등이 전부가 자신을 옥죄는 소리로 생각하는 사람이다. 홀로 도를 터득하거나, 수행하는 사람에게는 잔소리가 필요 없다. 스스로 보고 듣고 깨우치는 것이다. 물론 옆에서 누가 던진 한 두 마디가 자극제가 될 수도 있다. 근본적인 사항은 일단 조용히 혼자서 사색하며 공부하며 스스로 깨닫는 것이다. 잔소리가 아니라 옆에 사람이 많은 자체도 방해가 되는 것이니 자연 잔소리가 좋을 리는 없는 것이다. 당신은 도를 깨우치거나 심오한 경지에 도달하려 하는 사람이 아니라는 것이다. 사회적인 동물이다. 집단적인 생활을 통하여 삶을 영위하는 인간이라는 사실이다. "지나친 개성을 강조하지 말라" 나름대로 색깔이 있어야 한다는 것은 당연하다.

스스로 돌파구를 찾아야 한다.
넘어진 상처가 약간의 후유증을 유발한다.

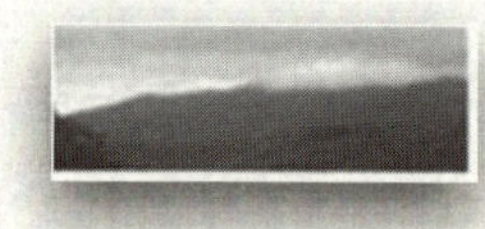

◎ 산궁수진(山窮水盡).

산이 가로 막히고,
물길이 끊어져
흐름이 없어짐이다.

사방의 흐름 자체가 원만하지 않다. 산고수장(山高水長)과는 또 다른 의미다. 산고수장은 힘들지만 노력하면 가능성이 보이는 경우나, 산궁수진(山窮水盡)의 경우는 단절(斷絶)이 되어 이어지지 않은 경우다. 선택에 있어서 제일 조심할 일이다. 매사 막히고 끊어짐이 없는 흐름을 이어가야 한다. 조짐을 확인하고, 버릴 때는 과감히 버려야 한다. 막히고, 끊긴 것은 어찌할 방도가 없다.

◎ 산고수장(山高水長).

산이란 높을수록 신비(神秘)감이 더하는 것이고, 물길은 길수록 장엄(莊嚴)하다. 산(山)이란 상하(上下)요, 물인 수(水)는 좌우(左右)를 일컫는다. 높고, 길다는 것은 사방(四方)이 운신(運身)하기에 불편함이요, 진행(進行)의 어려움이다. 기어가 중립(中立)에서 변환이 안 되는 것이다. 반면 사람의 인품(人品)이나 성향(性向) 쪽으로 본다면 참으로 좋은 품성을 나타낸다. 고귀하고, 청순하고, 약한 듯하며 강하고, 절개가 굳으며, 차가움 속에 따스함을 간직한 매우 숭고한 면을 보이는 경우다.

◎ 삼고투저(三告投杼).

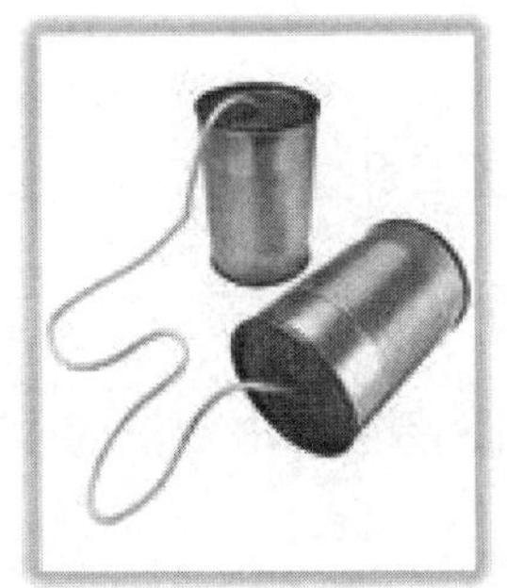

아니야~하고 부정을 해도,

자꾸만 반복이 되면

진짜 아니야~?

결국은 믿게 된다.

3번을 고(告)한다. 즉 알려주니 투저(投杼)라, 베틀의 북을 던져버리는 것이다. 고사(故事)다. 증자(曾子)에 관한 이야기인데, 열 번 찍어 안 넘어가는 나무 없다는 이야기다. 열심히 베틀에 앉아 베를 짜고 있는 증자(曾子)의 어머니에게 어떤 사람이 찾아와 "당신의 아들인 증자가 지금 사람을 죽였다."고 하자, 우리 아들은 절대로 그럴 리가 없다! 고 두 번이나 찾아와 말해도 믿지 않던 어머니도, 세 번씩이나 찾아와 이야기를 하니 마음이 동해 짜고 있던 베틀의 북을 던져 버리고 도망하였다는 이야기인데, 직접 확인도 안 해보고 생각도 없이 일을 처리한 것이다.

도둑이 제발이 저린 것도 아닌데, 사람이 경망스럽고, 순진하고, 단순한 것이다. 종이가 지나치게 하얀 경우, 먹물 한 방울만 떨어져도 까맣게 번진다. 지저분한 종이 보다 오히려 더 번짐이 강하게 나타난다.

손가락을 잘라야지, 발목을 발라야지, 귓구멍을 막아야지,

입을 꿰매야지! 결국은 죽는다.

출사出仕 단계에서의 실천사항.

산길로 갈 것인가?
물길로 갈 것인가?

◎ 조금 씩 길게 걸어라.

일을 벌여 놓으니 사업을 하는 것이요, 확장을 하니 사세가 점점 넓어지고, 커진다. 사업을 하든, 학문에 몰입을 하든, 어느 한 분야에 종사하여 자신의 열과 정성을 쏟으면 시간이 갈수록 내공이 쌓여 깊이가 깊어지고, 자신의 위치가 높아진다.

폭넓은 인간관계도 형성이 된다.

인간관계도 깊이가 우선인가? 넓이가 우선인가 보아야 한다.

추구하는 분야나 일에 몰두하면 다른 곳에는 눈이 가지 않는다. 개똥도 약에 쓰이는 법이다. 항상 염두 해두라.

천직이요, 명(命)이 다하는 그때까지 영구토록 이어가고 싶은 것이 사람의 기대다.

뜻이 있는 곳에 길이 있다.

서로가 통하는 길을 찾아 향해야 한다. 접점을 찾아라.

◎ 올라가는 것 보다 내려가는 것이 더 위험하다.

아직 정상(頂上)은 남았는데, 다 올라가지도 않았는데 아래를 내려다보니 하산(下山) 길은 쉽게 여겨진다. 당연하다.

눈에 나타난 형상에 불과하다. 착각(錯覺)하기 쉽다. 올라가기만 하였지, 내려 가 보지 않은 것은 생각 못한다. 올라갈 때 넘어지면 발이라도 뻗지만, 내려갈 때 넘어지면 고꾸라진다. 다치는 강도(强度)가 비교 안 된다.

나무에 올라가다보면 떨어질 때도 있다. 아픔을 배워야 한다. 얼마나 상처가 깊은가를! 약자(弱者)에서 강자(强者)가 되는 것을 배워야 한다. 매사 변수라는 것이 있다.

하산 한다는 것은 내리막길을 가는 것이다. 상급의 위치에 있다 하급으로 일 단계 내려가는 순리다. 존경받는 인물이 정치판에 끼는 것이다. 모두가 반대하는 상황이다. 굳이? 하면서 말이다. 사주에서 논한다면 인성(印星)에서 관성(官星)으로 한 단계 내려간다. 역(逆)으로 가는 논리다.

많은 사람들이 망신(亡身) 당하며 결국 제자리로 간 사람들이 너무 많다. 순리(順理)로 본다면 역(逆)이다. 역(逆)은 금기(禁忌)다. 금기인줄 알면서 행하는 것이 인간사다. 오기로, 투기로 사는 생은 구멍 뚫린 그물의 삶이다.

◎ 변수(變數)가 있다. 무엇일까?

❶ 눈이다.

❷ 산사태이다.

❸ 바람이다.

❶ 눈이란?

위에서는 작은 한 덩어리에 불과하지만 내려오면서 뭉쳐진다면 감당하기 어려워진다. 엄청난 크기로 변해 내려온다. 그 위력은 가히 짐작할 것이다. 눈이 뭉쳐지는 것은 긴 시간이 필요 없다. 순식간이다. 위험하다. 장기전이 필요 없다.

❷ 산사태다.

지반이 약한 상태에서 이루어진다. 지반이 약하지 않아도 이루어지는 경우도 있다. 선거(選擧)에서의 변수(變數)와 같다. 큰 변수를 막는 방법은 있을까?

❸ 바람이다.

허공을 가른다. 더운 것은 더욱 덥게, 추운 것은 더욱 춥게. 더울 때 부는 바람은 시원할 적도 있다. 그러나 시간이 갈수록 다시 더워진다. 비라도 오고, 습기라도 찬다면 시원하지만 결국 마찬가지다. 추울 때 부는 바람은 더욱 한기를 부채질한다. 바람은 지나면 그만 이다.

산과 물은 항상 대화를 한다.

사람들만 그것을 모르는 것이다.

등극(登極)

서 있으면 불안하다, 앉아야 한다.

정상[頂上]에 다다름이다.

더 갈 곳이 없다. 쓸쓸하다.

비가
그치고 난
후
하늘은
맑기
마련이다.
막힘이
뚫린
것이다.
실은 비가
계속
이어지다
보니
막힘으로
보인다.
천지간의
소통은
늘 같다.

비가 그치고 난 후
하늘은 맑기 마련이다.
막힘이 뚫린 것이다.
실은 비가 계속 이어지다 보니
막힘으로 보인다.
천지간의 소통은 늘 같다.

입하(立夏)

여름이 시작되는 시기다.
땀이 흐르기 시작하는 시기다.
입하(立夏), 소만(小滿)의 절기가 있는 시기다.

소만(小滿)

입하에는 여름이 시작되고,
소만(小滿)에는 여름의 정취가 풍기기 시작하는 시기다.

등극登極단계에서 나타나는 특징.

◉ 정상은 끝이 아니다. 이게 반이다.

겨우 올라온 것이다.

✌ 일종의 승부수를 던지는 시기다.

사활을 건 싸움이 시작된다.

내용은 비슷해도 무엇인가 다 차이가 나타난다.

차별화가 성공 하는가? 실패 하는가? 막판까지 가야 할

것인가?

✌ 기나긴 승부다.

이제부터 달아오른 열기를 감당해야 한다.

불길이 식어버리면 그만이다. 얼마나 버티며 열기를 유지할 것인가?

점검할 것이 많다. 자충수에 조심해야 한다.

앞으로 달리기만 하다 넘어지는 경우가 발생한다.

이제 뚜껑은 열렸다. 전시회가 열리는데 과연 얼마나 많은 인원이 올 것인가?

신곡이 나왔는데 반응은 어떨까? 신제품으로 승부한다.

◎ 언행이란? 항시 앞, 뒤가 일치되어야 한다.

잠시 비켜갈 수는 있어도,

이어질 수는 없다.

말에 대한 책임 있는

행동이 있어야 한다.

혼미한 상태의 경솔한 말은 착각으로 이어지고, 멀쩡한 상태에서의 잘못된 말은 거짓으로 이어지고, 의도적인 상태에서의 허황된 말은 사기로 이어진다. 치부한 자의 변명은 재산을 감추려하는 말이고, 남용하는 자의 용서를 비는 말은 칼을 감추는 것이고, 도덕을 앞세우는 자의 달변은 위선을 감추는 것이고, 재주를 앞세우는 자의 감언이설은 실패를 감추는 것이고, 자신의 주장을 앞세우는 자의 청사진은 뜬구름과 같다.

◎ 전부다 차지 할 수는 없다. 지나친 과욕이다.

한 쪽만 차지하여도 많은 것을 취하는 것이다.

산토끼를 잡으려다 집토끼를 놓치는 격이다.

사람의 눈은 둘이지만 입은 하나다. 보는 것은 둘도, 열도 볼 수가 있지만 먹을 수 있는 곳이요, 집어넣을 수 있는 곳은 한 곳이다.

손도 둘이다. 잡을 수 있는 것은 많지만 주머니에 넣을 때는 한 손으로 넣어야 한다.

두 손으로 잡으면 온 몸이 딸려가고 넘어지지만, 한 손일 경우는 끌려는 가도 잘 넘어지지는 않는다. 놓기도 편하다. 일부가 망가지는 것과, 전체가 망가지는 것의 차이다.

재수 없는 생각이 아니다. 항상 망가질 때의 상황을 미리 예측해야 한다. 올라간 만큼 내려가는 길도 비례한다. 성공이 크면 실패도 크다.

◎ 아름다움이란 나타나는 것이다.

말 한 마디에 천 냥 빚을 갚는다고 한다. 항상 언어 구사에 더욱 신중해야 한다. 문무를 겸해야 진정한 갖춤을 이룬다. 유행 언어에 민감하고, 더욱 정진하라.

벽화는 진정한 장식이다

강인함도 부드러움이 겸비되어야 진정한 강함이다. 화려함도 가끔은 분위기를 쇄신하고 능률을 향상 시킨다. 지나침은 어지러움을 유도하나 신나는 말 춤도 필요하다.

단순하면 일시적이라도 모양이 나도록 꾸미는 것도 즐거운 일상이다.

환경의 변화가 필요한 시기다.

◎ 어깨란 몸을 나타내는 장식이다.

어깨가 무거워진다. 처진 어깨는 몸의 처짐이지만, 심신이 가라앉는다. 편안한 어깨는 짐이 무겁지 않다. 무거운 짐을 지고는 오래가지 못한다. 필요 없고, 쓸 데없는 짐은 내리고 가야 걸음이 경쾌하다. 몸이 가벼워야 마음이 가벼워진다. 홀가분한 것이다. 테두리에서 벗어나 자유로움을 만끽한다.

◎ 참모가 아니어도, 일개 병졸이라도,
　　진영을 대표하는 일원이다.

거추장스럽다고 진짜 필요한 부분은 없애고, 필요 없는 부분만 갖고 구색을 맞추는 격이다. 쓴 소리 한다고 충심어린 참모를 내치고, 아부하는 참모로 진영을 꾸민다면 전쟁에서의 승리는 장담하기 어렵다. 말단 직원이라도 사람을 선별함에 있어서 항상 신중하고, 충심어린 충고를 받아 들일 줄 아는 덕목이 있어야 한다.

생선을 먹을 때는 머리와 꼬리는 다 잘라낸다. 살이 필요하기 때문이다. 부드러운 감촉과 감기는 미각에 영양에 대한 일부를 망각한다. 그러나 진한 국물을 우려 낼 때는 머리와 뼈와 꼬리가 필요하다.

갑과 을의 관계에서 대리점 사장은 본사의 지역담당 영업직원만도 못할 때가 있다. 그러나 대리점 점주로써 사장은 사장이다.

◎ 덮고, 덮어 가린다는 말이다.

상대의 허물을 덮고, 가리는 것은 상대를 위하는 것도 되지만 때로는 오히려 망치는 결과도 초래한다. 덮어주어도 잘되는 것이 있고, 덮어도, 덮어도 보이는 것이 있다. 가린다는 것은 일시적이요, 덮는다는 것은 약간의 시간을 요한다.

요한 것은 영원히 안 보이도록 덮을 수는 없다는 것이다. 덮는다는 것은 양쪽의 의사에 준하는 것이요, 가린다는 것은 한 쪽의 의사가 강한 것이요, 묻는다는 것은 완강한 저항을 무시하고 행하는 일방적 처사다.

◎ 지나치게 뛰어남은 선망의 대상이 된다.

한 편으로는 질시와 시기의 대상이 되기도 한다.

뛰어남도 순리에 따른 정도를 행함에 있어 이루어져야 한다. 제 자리를 찾지 못하고, 엉뚱한 분야에서 두각을 나타내면 부작용이 발생한다. 잘되면 기인이요, 잘못되면 고문관이다.

모난 돌이 정 맞는다고 독불장군은 없다. 누구나 다 갖추고 있는 재주나 복은 많다. 다만 그것이 가능성을 안고 있다는 것이지 전부 다 할 수는 없다. 한두 가지로 만족하는 것도 벅차다.

등극登極 단계에서의 확인 사항.

사물에는 온갖 변화가 발생한다. 개중에는 있을 수 있는 일도 있지만, 그렇지 않은 일도 많다. 대체적인 판단은 상식적인 선에서 해야 한다. 지나친 억측과, 상상은 모든 것을 황폐화 시킨다. 도를 넘는 행동과 분수를 모르는 처신은 삼가해야 한다. 윗사람이나 상대방을 업신여기고, 농락하는 경거망동을 조심해라. 남의 말에 귀를 기울이되 옳고 그름을 잘 판단해 정해라. 한창 기운이 왕성하여 뛸 때는 항상 먼지가 심하다.

◎ 북이란 두들겨야 소리가 난다.

물도 바람이 불면 물결이 이는 법이다. 세차게 흐르는 물에는 자연 소리가 격하다. 길로 보면 신이 나는 것이요, 흉으로 본다면 격노한 것이다. 격려와 칭찬에 인색해서는 안 된다. 아낌없는 찬사가 필요하다. 약간의 지나침이 있어도 좋다. 신명이 올라 나갈 때는 말리기 어렵다. 좋은 방향으로 나갈 때는 약간의 부추김도 좋다. 나아감이 더딜 때는 두드려 움직이게 하는 것도 좋다. 전쟁터에서 북을 울리는 이유다.

정상[頂上]이란? 피안1)의 도피처다.

◎ 가지런함은 조화를 잘 이룬 것이다.

완성[完成]이 안 된 상태에서는
가지런하다는 말이 안 나온다.

정리 정돈이 잘 되어 있다함은 일의 처리에 있어서 절도가 있음이요, 바르게 행함을 나타낸다. 지나치게 완벽함은 극에 달함이라 항상 변화를 촉구한다. 바르게 행하고 절도가 있을 때, 다음을 준비하는 슬기로움이 필요하다.

 색을 갖춤에 있어 모자람이 없음을 나타낸다. 항상 준비가 완벽하니 아무 때나 진행해도 된다. 수급에 완전을 기한다.

항상 마음의 상태가 안정적이니 실수가 적다. 음식으로 비긴다면 간이 알맞게 된 것이다. 고기가 구워졌어도 노릇노릇, 보기만 해도 입맛이 감도는 그림이다. 모든 것이 완전하게 갖추어졌다면 이제는 망가질 일밖에는 없다. 오감을 자극하고, 심신을 망가트리니 굶주린 욕망을 충동질하여 귀한 자와 천한 자의 구별이 없어지도록 한다. 정상이란 이 경계선의 갈림길이다. 완성되면 누구나 지키려 하나 결국은 허물어지는 것이다.

---

1) 이승의 번뇌를 해탈하여 열반의 세계에 도달하는 일. 또는 그 경지.
↔차안(此岸).

◎ 치아는 다 빠져도, 혀는 빠지지 않는다.

지나치게 강하면 쉬 부러지는 것은 당연하다. 다만 꺾이고, 부러질 때 허무하게 당한다.

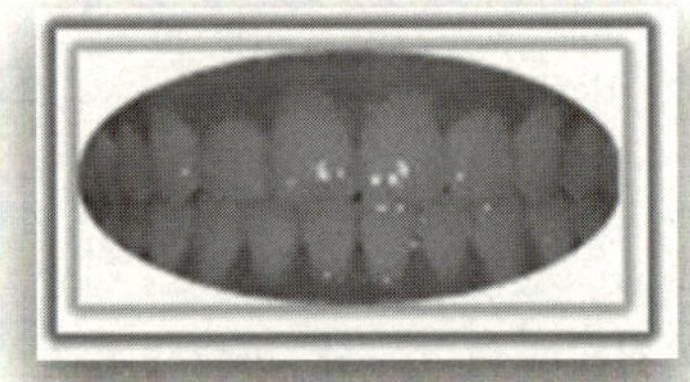

강한 것은 쉽사리 부러질 정도로 당하지 않는다. 강하면 부러지고, 뽑히고, 꺾이지만 유하면 부드러움으로 인해 부러지지 않는다. 아무리 단단한 치아요, 튼튼하다 해도 나이가 들면 어쩔 수 없는 것이다.

어린아이들이 이가 새로 날 때와 같은 형상이다. 아이들은 단 것을 많이 먹으면 이가 썩어 뽑아야 한다. 아이들은 영구치가 나온다. 노인들은 단 것을 많이 먹으면 당뇨에 걸려 이가 빠지니 틀니를 해야 한다. 아이와 노인의 차이다.

지는 해와, 뜨는 해의 차이다. 노인의 뼈는 석회질이 많아 단단하기는 하나, 속이 꽉 차지 못해 약해서 잘 부러지고 잘 붙지도 않는다. 시간이 많이 걸린다. 아이들의 뼈는 부드러우나 연약하여 쉬 부러진다. 붙기도 잘 붙는다. 시간이 많이 걸리지 않는다.

치아가 부실해 말이 새도, 혀는 안 빠진다.
이가 없으며 잇몸으로 사는 것이다.

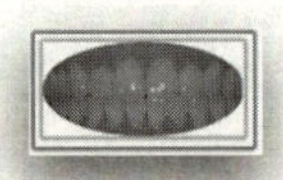

◎ 막힌 것은 뚫어야 하고,

뚫린 것은 막아야 하는 순리(順理)다.

손에 잡히지 않을 줄 알았던 것도, 길이 막히니 서로 통한다. 평행인줄 알았더니 막판에 끝이 있는 것이다. 원수는 외나무다리에서 만난다. 남에게 해를 끼치지 마라.

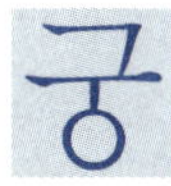

궁즉변(窮則變)이요, 변즉통(變則通)이라 결국 궁즉통(窮則通)이다. 궁구(窮究)하는 자세가 필요하다. 다 나를 위함이다.

항상 퇴로(退路)는 남겨두어야 한다. 어차피 이긴 싸움이다. 기업 간의 싸움에서도 기술력, 자본이 넉넉한 쪽이 이긴다. 일시적인 손해(損害)라도, 감수 할 때는 감수해야 한다.

댐이란 ?

물을 모아 두었다가 활용을 하는 것이다. 가두기만 한다면 그것은 물을 썩히는 것이다. 깨끗한 용수로, 산업 용수로 활용하기 위함인 것이다. 흘려보내는 것이 뚫는 것이다.

등극登極단계에서의 실천 사항 .

정상이란?

올라서면

머무를 곳이 없어

내려와야 하는 곳이다.

◎ 한 번으로 부족하면 두 번째는 끝장을 보아야 한다.

"열 번 찍어 안 넘어가는 나무 없다."는 것은 생사(生死)를 가름 하는 것이다. 지나침이다. 두 번 정도로 하여 반(半)은 끝내거나, 결과에 대한 긍정적 마무리를 지어야 한다. 손을 내밀 때는 독(毒)이 아닌 약(藥)의 역할을 해야 한다.

잘 못 내미는 손은 잘리기 마련이고, 똥 묻기 마련이다. 닦아주고, 어루만지는 손이 되어야 한다. 때리는 손이 되어서는 안 된다.

도절시진(刀折矢盡)이 되어서는 안 된다.

항상 있어야 할 것은 갖추고 있어야 한다.

● 강인한 결단력을 요구한다.

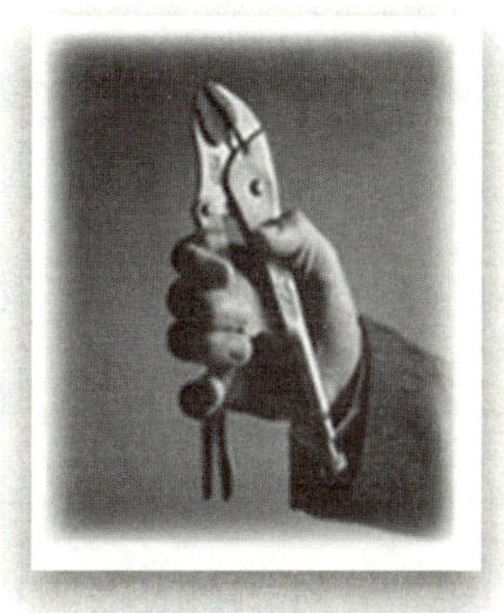

결단력이 없는 사람은 결코 끈의 매듭을 짓지 못한다. 어떤 사람이 어떤 주장을 하는데, 그것이 옳은 주장이라 하자. 수긍(首肯)은 하는데 그것이 실천(實踐)하는 요소도 포함이 될 경우 실천하여 주장 할 수도 있고, 이론적 타당성(妥當性)을 앞세워 주장 할 수 있다면? 반대하거나 상반적인 의견을 갖고 있는 사람가운데서 이런 이야기가 나 올 수 있다. "당신 먼저 실천하고 이야기해봐!" 이런 사람을 우리는 "혹자"라는 표현을 한다. 실로 발전을 저해하는 떼버려야 하는 "혹" 같은 존재다.

◎ 알맹이도 중요하지만 포장도 중요하다.

자신들의 강력한 의사 표현으로 두건을 두르고 압박한다. 표현의 방법, 강도가 강하게 나타난다. 의사표현이 지나치게 강경하다. 화려한 비단으로 감싼 상자는 일반 상자와는 다르다. 한 번 더 정성을 더하여 임하라. 디자인의 중요성이다. 짚신도 아무리 잘 만들어도 끝마무리에 정성이 가해지지 않으면 볼품이 없다. 끝마무리의 중요성이다. 가끔씩 실수하는 경우가 이런 점에서 나타난다. 허물을 덮는 것은 일시적으로 통한다. 진정한 허물은 벗는 것이다. 가리는 것이 아니다. 잘 잘못에 대한 명쾌한 해답을 내 놓아야 한다. 하나를 지키려다 열을 잃는 우를 범하는 경우가 생긴다.

◎ 음양(陰陽)이란?

정상頂上을 판단하는 기준이다.

정상(頂上)이란? 양중의 양이다. 음을 보라. 절장보단1)(截長補短)과 같다. 행(行)하지 않으면 불구(不具)다. 올라가지 못하는 불구요, 내려가기 싫어하는 앉은뱅이다. 내려갈 방법은 구르는 수밖에 없다. 개기는 것이다. 어떻게 하면 뭉개고 버틸까? 상대의 정황을 보아야 한다. 나는 이제 정상(頂上)에 올랐으니 아래를 잘 볼 수 있다. 불통(不通)이 되어서는 안 된다. 불통이란 막힘이니 곧바로 터짐이란 흉사(凶事)가 나타난다. 뇌졸중이요, 고혈압이다. 보이기는 잘 보이는데 너무 멀어 손이 닿지가 않는다.

정상(頂上)에 오르면 위가 하늘 밖에는 보이지 않는다. 날아가는 새는 손으로 잡을 수 없다. 새들도 정상에는 앉지 않는다. 그저 잠시 쉴 뿐이다. 하늘만 보면 목이 아프니, 아래 밖에 볼 수 없다. 하늘의 소리를 제일 먼저 득(得)하니 잘 들어야 한다.

순 리(順理)다. 너무 높아 손이 닿지 않는다. 갈 수도 없다. 불러도 소리만 공허(空虛)할 뿐. 외로운 것이다. 깨닫지 못하면 더욱 외로워진다. 자칫 돌아버린다. 쓸쓸한 것이다. 혈(穴)을 찾아 쉴 곳을 마련해야 한다. 정상에

---

1) 긴 것을 잘라서 짧은 것을 보충한다는 뜻으로, 장점이나 넉넉한 부분에서 단점이나 부족한 것을 보충함을 이르는 말.

올랐다고 모든 것을 다 취하는 것이 아니다. 아래에 있는 것만 못할 경우도 많다. 일일이 갖다 주지 않으면 취할 수 없다. 상납을 받는 것이다. 내가 직접 취하려면 내려가고, 올라가기를 반복해야 한다. 아래와도 단절이 된다. 중간에서 누구인가 전달하고 알려주어야 한다. 아래를 항상 내려 보지만 겉만 보이고, 속은 잘 안 보인다. 속내를 알기가 어렵다. 연기가 나도 냄새가 도달하지 않는다.

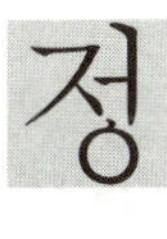상에서 하는 말은 아래서는 잘 들린다. 막히는 것이 없기 때문이다. 아래에서 들으면 그대로 들린다. 언행(言行)에 신중(愼重)해야 하는 이유다.

정상에 있으면 아래에서 올라오는 사람들이 잘 보인다. 먼 길 돌아오지 않도록 잘 일러주어야 한다. 위에서 굴리는 바위는 하나지만 내려갈수록 파괴력이 강해져 아래쪽에 가만히 있는 돌들마저 건드리며 움직이게 한다. 충동질 하는 것이다. 졸지에 아래에서는 많은 피해를 양산한다. 정상에 올라길 생각도 않고 있지만, 아래에 있는 죄인 것이다. 결론은 아래에서 아무런 이유 없이 타의에 의해, 의미 없는 싸움을 하며 지지고 볶는 것이다.

빈자의 삶이 그런 것이다. 왜 싸우는지도 모르는 것이다.

정상에 있으면 적자지심[1](赤子之心)의 자세로 임해야 한다.

선악과 길흉을 구별한다. 담아야 하고, 분석하는 것이다.

---

1)태어난 그대로 순수하고 거짓 없는 마음.

◉ 간운폐일(干雲蔽日)

손바닥으로

하늘을 가릴 수는 없다.

미쳐도 곱게 미쳐야 한다. 주색잡기는 아니다. 권모술수도 아니다. 남을 해(害)하는 행위는 절대 안 된다. 남을 속이지 마라. 진실(眞實)은 속일 수 없다.

구름을 덮고, 해를 가린다는 것은 해석하기 나름이지만 일종의 은폐(隱蔽)다. 구름이란 높음이요, 해는 밝음을 상징(象徵)한다. 덮거나, 가려 안 보이게 하는 것이요, 안목(眼目)을 해(害)하는 것이다.

◉ 염이불귀(廉而不劌)다.

◉염(廉)이란 청렴(淸廉)이요,
◉귀(劌)란 남에게 해(害)를 입히지 않는다. 주머니 털어서 먼지가 안 나는 경우는 극히 드문 것이다. 공직자들이 청문회에서 많은 사람들에게 실망을 주곤 한다. 그렇다면 일반 보통사람들은 과연 얼마나 청렴하고 깨끗한가? 뚫린 구멍을 찾아라. 상인들은 어떤가? 경제인

이라 대접받는 그들은 과연 어떤가? 사학의 교육자들은 어떤가? 어느 분야든 먼지가 너무 난다. 요즈음의 환경에서는 염(廉)이면 그래도 청렴(淸廉) 하다고 보는 사회풍조다. 기준의 잣대가 상실된 것이다.

◎ 옥(玉)이란?

가 나 있어도 다른 물건들을 상(傷)하게는 않는다.

◎ 군자(君子)란?

스로 갈고 닦고 연마하여 스스로를 강하게, 올곧게도 하지만 때로는 남을 제재(制裁)하는 경우도 생긴다. 의(義)를 올바르게 행함에 있어 사심이 없고, 대의를 존중하고 순리(順理)를 거역하지 않으니 남에게 해를 입히거나 다치게 하지 않는다. 군자(君子)의 길을 걸어야 함이다.

◎ 교묘함이다.

상하를 지탱하는 버팀목이다. 흔들림이 없는 지속적인 흐름이다. 상하(上下) 연결이 교묘(巧妙)하다. 감히 누가 흉내 낼 수 없는 일 처리다.

꽃씨가 터질 때는 바람의 역할이 중요하다.
공연히 가슴이 후드득 뛰는 시기다.

◎ 시간의 흐름은 변화다.

나이테

못 살고 어려울 때는 구걸하다시피 비굴하더니만, 이제 살만하니까 많이 건방지고 도도해졌다는 식으로 사람들을 평가하는 것을 간혹 볼 것이다. 물론 맞는 말이다. 개구리가 올챙이 때를 생각하지 못한다. 그러나 그 사람이 그런다고 무조건 흉(凶) 볼 수만도 없다. 그도 당연히 나름대로 자기의 주접을 떠는 것이다. 자기 멋에 사는 것이다. 아마 형편이 여의치 못하다면 그리하라 해도 안 할 것이다.

이제는 상황(狀況)이 많이 좋아졌다는 설명이다. 예전의 어렵던 자신이 아니다. 세월이 많이 흘렀다. 학창시절 부족하던 그런 자신이 아니다. 공부도 못하고 뒷전에서 우물쭈물 하던 예전의 못난이가 아니다.

많은 시간(時間)이 모든 것을 변(變)하게 만든 사실을 인정(認定)해야 한다. 돌변은 문제가 있지만, 환경의 변화라는 점을 인정해야 한다. 세월(歲月)이 사람을 변하게 한다.

급할 경우

가까우면 바로 가지만,

그래도 멀면 망설인다.

측(厠)이란 뒷간 즉 변소, 화장실을 말한다. 이곳이 참으로 묘(妙)한 곳이다. 그리 지저분하고 냄새가 나는 곳인데, 이곳에만 들리고 나오면 전부가 시원해하고, 기분이 좋아지는지 상쾌한 모양이다. 들어갈 때는 찡그린 상이 되었다가, 나올 때는 웃는 표정을 짓는다. 요즈음은 화장실도 향기가 풍기고, 아늑한 공간으로 변하여 휴식공산으로써 거나란 역할을 하는 세태이니---사람이 굶기를 반복하면 기력이 없어 헛것도 보이고, 온 몸이 늘어져 쳐진다. 그러나 음식을 섭취하여 원기(元氣)를 회복(回復)하면 언제 그랬느냐는 식으로 활기(活氣)차고 역동적(力動的)인 모습을 보인다. 돈이 급하면 사채도 마다하지 않는다. 오죽 급하면 그럴까? 여기까지 오는 경우를 본다면 대체적으로 갈 때까지 다 갔다고 보는 것이 편하다. 물론 개중에는 진짜 요긴하게 사용하여 득(得)을 얻는 경우도 있겠지만 그리 흔치는 않다. 이미 거기 까지 간다면 정리하는 것이 빠르다. 급하면 택시도 탄다지만 계산은? 다 당신 몫이다.

줄기가 실해야 가지가 많은 법이다.

하산(下山),
쇠(衰)

슬로, 슬로, 퀵, 퀵이다.

위에서
아래로
내려온다.
급히
내려오면
다친다.
순리(順理)는
어길 수
없다.
순응(順應)
해야 한다.
내려갈
수밖에
없다.

망종과 하지가 있는 시기다.

망종 (芒種)은 씨뿌리기 시작 하는 시기고,

망종에는 풀을 다스리는 시기라 한다. 주변을 정리해야 한다.

시기를 놓치면 걷잡을 수 없다.

하지 (夏至)는 낮이 연중 가장 긴 시기다.

하지는 장마가 시작되는 시기이기도 하다.

모두 준비와 중간 점검이 필요한 시기다.

지나치게 달리고 나니 갑자기 서기가 어려워진다.

탄력으로 밀려간다.

쇠(衰)하는 단계에서 나타나는 특징.

브레이크가 고장이다.

조절이 안 된다.

◎ 본색을 나타낸다.

승부의 세계는 냉철하다. 처절한 몸부림에 지쳐 쓰러지기도 하고, 승리감에 도취되어 샴페인을 터트리는 상황도 발생한다. 강자와 약자간의 극명한 차이다. 지친 자와, 아직 여력이 남은 자와의 상반관계다. 엔진의 열기가 지나치다보니 잠시 쉬어야 한다. 너무 달린 것이다. 휴게소를 찾아야 한다. 짐을 과적한 차량도 마찬가지다. 무리가 나타난다. 앞으로 갈 길은 멀다. 치밀한 계획이 필요하다.

드문 일이지만 급발진 사고로 이어진다. 감단하기가 어려운 일이다. 원인 분석하기도 시간이 걸리고 찾기도 어려워진다. 운이요, 팔자가 아니다. 분명 원인과 결과가 있는 것이다. 지나가면 시간이 흐르면 명확하게 나온다. 가라고 해도 안 간다. 빨리 알수록 현명한 것이다. 아직 시간은 충분하다.

● 자은무명1) [自隱無名]

자신의 존재를 스스로 감추는 것이다. 뒷전으로 물러나는 것이다.

명예퇴직이요, 하산하여 조용히 은거 생활을 한다.

인생의 절정기를 보내고 조용한 시간을 갖는다. 동적인 상황에서 정적인 상태로 전환한다. 이제부터는 체력(體力), 정신력(精神力)이 문제로 등장한다.

심(心)과 신(身)이 기력(氣力)이 소진(消盡)되었느냐? 고 묻는다. 쇠한다 해도 아직은 팔팔하다. 불이 꺼져도 아직 불씨가 많이 남아있다. 고기를 구우면 처음 구운 고기보다 나중에 구운 고기가 더 맛있는 법이다.

불은 꺼지지만, 열기는 아직 남아있고 참다운 열기이다. 진정한 정상에 오른 것과도 같다. 쇠하는 것은 영광의 참뜻을 아는 시기인 것이다.

인생 백세(百歲)라는 말이 대세(大勢)를 이루는 시대다.

---

1) 스스로 세상에 은둔하여 세상에 이름이 알려지지 않음이다.

백세면 50세가 중간인데, 이미 40대부터 후반기로 넘어갈 준비가 되어야 한다. 그리고 50-60때 까지 꾸준히 이어져야 70이후를 편안히 보내며 운명(運命)을 기다린다. 가능하다면 70까지, 아니 명(命)이 다하는 그 때까지 계속 이어진다면 더더욱 좋다.

준비(準備)란 심신(心身)의 건강(健康)이다.
사주가 좋은 사람이 잘나가는 것은 당연하다.
거기에 운까지 따른다면 남부러울 것이 없다.

잘 나가는 사람도 음과 양이 있다. 계속 잘나가는 경우는 양이라 보통 길게 반평생을 가는 사람도 있고, 또 반으로 줄어드는 경우도 있다. 대체적으로 건강운도 무난하다. 간혹 사고도 인하서나 급작 사, 병사로 가는 경우도 있지만 그리 많지 않다. 여기서도 음과 양으로 나눈다면 건강에 신경 쓰는 사람은 양이요, 안 쓰면 음으로 갈린다.

중급 이상이 못되니 중급 아래로 보는 인생이다. 기준은 정하기 나름이지만 알아서 판단하는 것이다. 넉넉지는 못해도 건강한 사람이 잘 나가는 사람보다는 많은 편이다. 움직임이 많기 때문이다. 아주 잘나가는 사람들은 건강에 대해서는 많은 신경을 쓰지만 실질적으로 몸을 튼튼히 하는데 전체적인 기준으로 볼 때 땀을 흘려가며 규칙적인 운동을 하는 사람이 적다고 볼 수 있다.

◎ 인생과 건강.

❶ 잘 나가는 인생.--사주(四柱)와 운(運)이 잘 흐른다.

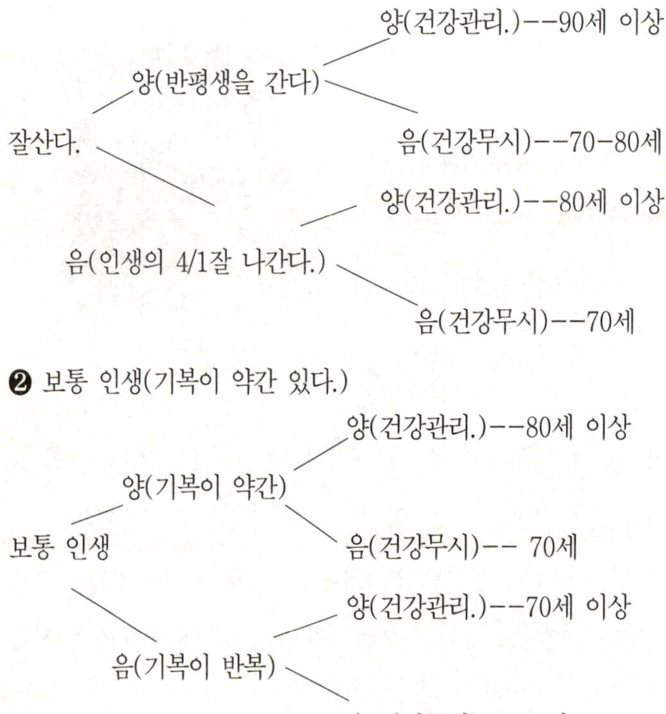

❷ 보통 인생(기복이 약간 있다.)

빨리 준비가 된 사람은 적은 노력으로 꾸준히 하였으므로 크게 바쁘지는 않다. 선견지명(先見之明)이 있거나 환경의 영향으로 깨달음을 얻어 중요성을 알고 미리 준비한 사람이다. 삶에 지치고 바쁘다보면, 일에 열중하다보면, 지나친 과신(過信)으로 인하여, 알면서도 못하는 것이 심신(心身)의 준비다. 심(心)이란 정신력이니 공부요, 신(身)이란 육체적인 몸의 운동(運動)이다.

육체적인 운동에서 제일은 근력운동이다. 몸의 모든 기관을 활성화하여 단련을 시킨다. 각 부위별로 튼튼히 만든다. 부분적인 운동에 치우치면 나중에 몸을 상하는 결과로 나타난다. 양을 활성화하여 음인 내부기관을 튼튼히 하는 것이다. 음과 양의 연계를 이용한 합리적인 원리이다. 가장 근본적인 운동이다. 단순한 유산소운동과는 다르다.

앞에 놓인 산적한 과제들이 많다. 정리해야 한다. 내가 하는 것이다. 남에게 맡기지 말아야 한다. 내가 하면 득(得)이 되나 남이 하면 실(失)로 작용하는 시기다. 많은 욕심을 내는 것이 아니다. 내가 실을 수 있는 것은 작은 양이다. 지나친 욕심은 화근을 자초한다. 소득은 작은 것 같아도, 그것이 수 십 배로 불어난다.

사소해 보이고, 초라해도 감추어진 능력은 무한한 것이다.
작은 소용물이라 해도 소중히 간직하고, 활용해야 한다.

전기불은 켜면 환하다. 등이 많다면 더더욱 환할 것이다. 마치 빛과 같은 밝음으로 이어진다. 얼마나 갈 것인가? 전기가 꺼지면 순식간에 암흑(暗黑)으로 변한다. 다만 그동안 켜졌던 등의 열기(熱氣) 만이 남아 있을 뿐이다. 호롱불은 밝다. 전기를 이용한 것만은 못하지만, 어둠을 밝히는 데는 나름대로 역할을 한다. 호롱불은 불어서 끄지 않는 한, 그리 쉽게 꺼지지 않는다. 심지에 머금은 기름이 남아 있는 한 계속 불을 밝힌다.

◉ 지형지물1) (地形地物)

정상(頂上)에서의 위험(危險)에서 벗어난다. 길(吉)이 있으면, 흉(凶)도 있다. 실질적인 일선(一線)에서, 이선(二線)으로 물러나는 것이다. 아직 완전히 물러선 것은 아니다. 다시 정상으로 복귀할 수 있는 가능성도 있다. 다만 시간이 흐른 것이다. 물러날 줄 아는 것도, 정상에 오른 사람만이 누리는 특권이다. 아쉬워하지만 이미 내려와 있는 상황이다. 위를 보는 미련에 집착하면 자칫 굴러 떨어지기 십상이다. 아래를 잘 살펴야 한다.

사람의 손, 발은 거미의 손, 발이 아니다.
길이 아니면 가지 말라는 것이다.

---

1)땅의 모양이나 형태와 땅위에 있는 만물.

◎ 점검의 중요성.

정상에서 사용한 물건들을 그대로 다 사용할 수는 없다. 버릴 것은 버려 하산하는 길에 짐이 되지 않도록 해야 한다. 내려가는 길은 가벼울수록 좋다. 올라갈 때 사용하던 방법과 내려갈 때의 방법은 다르다. 오를 때는 잡고 올라가지만 내려갈 때는 미끄러져 내려간다. 잡는 것과 미끄러지는 것의 차이다. 오를 때는 발의 앞부분에 힘이 많이 가지만, 내려갈 때는 발의 뒷부분에 힘이 많이 간다.

오를 때는 손을 많이 사용하나, 내려갈 때는 발을 많이 사용한다. 손은 양(陽)이요, 발은 음(陰)이다.

음과 양이 힘을 합해야 이루어진다.

◉ 고심참담(故心慘憺)

◎ 처참할 정도로 몹시 근심 걱정함.

"걱정도 팔자"라 한다. 말이야 쉽지 어디금방 잊어지는가? 항상 걱정거리가 생기면 머리에서 떠나지 않는다. 잠시 잊었다가도 불연 듯 생각나고, 연상된다. 되는 일이 없다. 연속이다.

◎ 근심(謹心)이란?

매사 조심하고, 경건하고, 삼가고, 공경하고, 청렴, 결백 하는 마음이다. 근신(謹身)하는 자세이다.

활동이 왕성할 때는 불같이 모든 것이 뜨겁고 위로만 상승(上昇)하려는 기운이 강(强)한 시기다. 아래로 내려가기가 어렵다. 자동차도 달리는 중에는 급정거하기 어렵다. 제동거리가 필요하다. 본인이 내려가려는 생각은 전혀 하지 못한다. 설마 하는 생각에 잠시 잊고 앞만 보고 간다. 잠시잠깐 쉬는 기회가 생기면 앞뒤를 둘러보는 것이 중요하다. 불이란 타고나면 재가 남고, 바람이 심하면 재마저 날려가는 경우가 생긴다. 아차하면 흔적(痕迹)도 없이 사라진다. 흔적을 남기려면 재를 만들어 차곡차곡 쌓이도록 하고, 굳어져 돌과 같이 단단하게 남도록 해야 결과가 좋다. 유종(有終)의 미(美)를 거둔다.

◎ 손 놓는 순간까지 고마움을 잊고 사는 것이 인생이다.

항시 쉬지 않고 일하거나 추구하는 자세를 본 받아야 한다. 자식 걱정하는 부모의 마음이다. 쉬면 모든 것이 끝난다. 주변의 모든 기대를 한 몸에 받고 있다. 아차! 실수는 대사를 그르치는 것이 아니라, 명줄을 끊는 일로 이어진다. 눈에 나타나지 않는 진정한 부분이다. 움직임이 없거나, 보이지 않아야 알게 되는 묘한 인연이다.

평상시에도 늘 느끼는 고마움이나,
으레 당연한 일로 치부하고 공치사를 항상 잊는다.

쇠(衰)하는 단계에서의 확인 사항.

◎ 매사 일이란 뱀이 기어가듯 꾸불꾸불한 것이다.

예리함이 돋보이는 혜안이 갑자기 나타난다. 총기가 발달하는 것이다. 평범한 사고로 임하다가는 앞서지 못한다. 어림짐작하는 것은 불안하다. 정확한 수치가 필요하다.

정확한 양을 측정하고, 예측한다.
통계의 중요성이다.

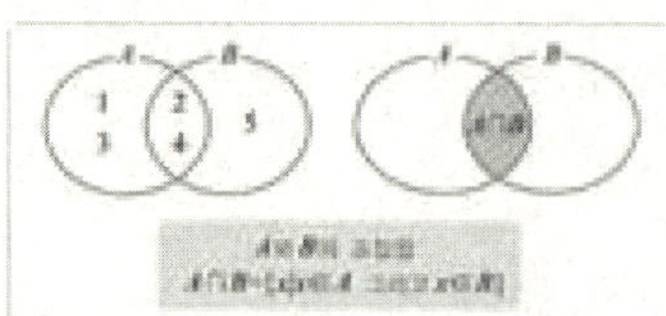

구를 사용함에 손잡이의 중요성이 강조된다. 숙련된 사람이 사용하는 기구와, 미숙련된 사람이 사용하는 기구는 같아도 결과는 다르게 나온다. 일에 있어 예리함이 나타난다. 상승의 저편에 있는 사람은 절벽 같은 험준함에 높이 솟아있는 위치라 금방 따라가기 어렵다. 차별성이 나타나도록 일을 진행해야 한다. 지저분한 먼지는 다 털어내야 한다. 치밀함이 앞선다. 작은 불순물 하나로 인해 일을 그르치는 상황이 생겨서는 안 된다.

낮잠이 길면 밤잠이 없어진다.
남이 관여 할 수 없는 나만의 영역이다.

◎ 가벼움이란 날라 감이다. 상쾌한 것이다.

승부란 영원한 승자도, 패자도 없는 것이다.

비어있으니 가벼운 것이다. 가라앉은 앙금이 없다. 도를 닦아 축지법으로 땅을 밟고 쥐락펴락 한다. 그 모습이 경쾌하니 우아하고, 당당함이다. 마음을 비우니 모든 것이 새롭게 보인다. 자기혁신이다. 새로운 변화를 추구하고 만족한다. 새로움으로 충만 한다.

아는 것도 배우는 것이요, 모르는 것도 배우는 것이다.
아는 것 같아도 모르고, 모르는 것 같아도 아는 것이다.

◎ 온화하고 삼가 함이 필요하다.

말 이란 사람의 음성 언어이자, 자신의 뜻을 상대방에게 전하는 역할을 한다. 자극적인 말은 마음을 상하게 하고, 충격을 전하여 길과 흉으로 작용하지만 그 말에 담긴 참 뜻을 헤아리는 것은, 다 받아들이는 사람하기 나름이다. 같은 말을 해도 웃으면서 하는 말과, 무표정하거나, 관심 없는 듯 하는 말 등 같이 동반되는 분위기에 따라 많은 차이가 난다. 일 하는 것도 마찬가지다. 핵심적인 행동에 부수되는 분위기를 파악하고 처신해야 한다. 말과 행동이 다름은 자기의 책임에 대한 회피요, 본질을 벗어나는 행위다.

말이란 항상 할 때마다 신중함이 있어야 한다. 안다고 해도 모르는 것이 나타날 수도 있는 것이요, 모른다 해도 아는 것이 나타날 수도 있다. 말 속에 말이 있다. 그냥 흘려듣기에는 항상 부담이 간다. 무거운 말이다. 가벼운 말도 나름대로 다 뜻이 있다. 뜻이 담기지 않은 말은 말이 아니다.

자물쇠를 채울 수 있는 방이 필요하다.
안전한 배에 옮겨 타는 시기다.

◎ 황무지를 개간하여 옥토沃土로 이루어 놓은 것이다.

간척지가 아니다. 인위적으로 물길을 막아 농토로 만드는 것이 아니라, 버려진 땅을 쓸모 있는 땅으로 만든다. 재활용이요, 확대재생산이다.

◎ 질현투능(嫉賢妬能)

어질고 덕행(德行)이 뛰어남을 시기하고 미워하며, 능력이 출중함을 시기한다. 사람의 기본적 경쟁의식(競爭意識)을 야기하는 심성(心性)중의 하나다.

문제는 상대방을 인정하면서 나름대로 노력을 하여 정당한 방법을 쓰면 상관이 없는데 일반적으로 헐뜯고, 중상과 묘략으로 일관한다는 것이 문제다. 지적재산 권침해와 파벌싸움이 그 대표적이다. 공정(公正)한 경쟁(競爭)을 해야 한다.

모든 면에서 상대를 능가한다면 내가 먼저 상대를 앞서니 자연 상대방이 나를 견제한다. 그러나 그 차이가 현저할 정도로 크면 자연 견주려는 생각이 없어진다. 다만 그 차이가 미비할 경우는 치고 올라가려 한다.

◎ 구색을 갖추어야 한다.

짝 이 없으면 정상이 아니다. 음과 양이 있어야 짝이 어울린다. 모든 사물은 다 상대적이다. 독 불은 항상 외로운 것이다. 그림자도 외롭게 홀로 비친다. 날개도 짝이 있어야 기울지 않고 잘 날 수 있다. 결론의 구색은 일색이다. 양립 한다면 또 다른

혼합 색이 나온다. 삼색이 되면 다자간이 된다. 어지러움의 연속이다. 구색을 갖추되 짝을 갖추는 것과, 그렇지 않은 것을 구별해야 한다.

◎ 본받을 만한 일을 하지는 못 하더라도,
　남에게 손가락질은 받지 말아야 한다.

거울에 비친 모습은 그대로다. 스스로 아름답고, 추한 것 정도는 구별해야 한다. 자신의 죄와 업을 한 번 정도 생각해보는 시간이 필요하다.

◎ 움직임의 관찰이다.

남을 업신여긴다는 것은, 그만큼 덕이 부족하다는 것이다.

발 한 쪽이 구부러지고, 다른 한 쪽이 펴지는 것은 진행형으로 움직이고 있다는 것이다. 길(吉)로 본다면 활동(活動)을 하는 것이요, 흉(凶)으로 본다면 불안(不安)한 것이다. 두 쪽이 다 펴져 서 있으면 정지(停止)다. 길(吉)로 본다면 휴식(休息)을 취하는 것이요, 흉(凶)으로 본다면 진행이 멈추어 정지(停止)인 것이다.

서로의 의견(意見)이 다를 경우 조절해야 한다. 자기의 주장만 고집한다면 진도(進度)가 나가지 않는다. 지는 것이 이기는 것이다. 이긴다 해도 지는 경우도 있다. 승패(勝敗)를 떠나 서로 호흡을 조절해야 더 멀리갈 수 있다.

상하(上下)가 조율(棗栗)이 안 된 상태다. 아래만 보이고, 위가 보이지 않는다. 사람의 머리로 친다면 대머리요, 산으로 보면 민둥산이다. 장기적(長期的)인 안목의 투자(投資)가 필요하다. 내려가는 길이 더 위험하다.

◎ 자기 것은 자기가 알뜰히 챙겨야 한다.

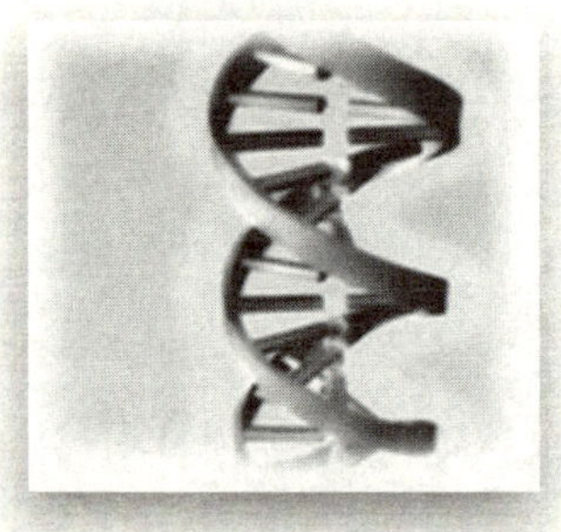

공(公)과 사(私)를 구별해야 한다.
전체를 살리는 길이다.

내가 못하면 남이 즉, "주변의 가까운 사람이 알아서 챙길 것이다." 하는 의타심은 버려라. 자신의 게으름이다. 마마보이의 기질이 있다. 생각은 많은데 몸이 말을 안 듣고, 행동은 안 하고 항상 생각만 많다. 움직여야 한다. 누가 대신 안 해 준다.

돈 준다면 남에게 부탁 안 할 것이다. 하루 종일 굶기고, 남이 대신 먹어준다면 환장 할 것이다. 굶기고, 밖으로 심하게 내돌리고, 고생을 하게 되면 절로 움직이는 것과 같다.

아직은 배부르다고 게으름을 부리지만 곧 이어 나에게 흉으로 작용한다. 미리미리 준비하고 더욱 분발해야 하는 시기다.

사사로움에서 벗어나야 하는 시기다. 정당하게 대결 국면을 맞이해야 한다. 흉(凶)인줄 알면서도 사적인 관계로 방치한다면 더욱 곤란한 지경에 이른다.

말이 그럴싸하나 처연하다.
미움과 배신이 얼룩지는 시기다.

◎ 장담을 하지마라. 실수(失手)란 누구나 하는 것이다.

창과 방패의 모순矛盾이다.

모순矛盾[1]이란? 말 그 자체가 모순이다. 아무리 균형(均衡)을 잘 이룬다 해도 아차하면 기울기 마련이다. 아무리 많고, 큰 것 같아도 결국 밖에서 보면 한 움큼 밖에 안 되는 것이다. 아주 많은 사람이 본다면 그리 많은 것도 아니다.

눈에 안경이다. 항상 안에서만 보지 말고 멀리서, 밖에서 제삼자의 입장에서도 보아야 한다. 말과 행동에 문제가 있는 가 항상 살펴야한다. 그릇의 크기란? 담을 수 있는 양(量)이다. 크기에 알맞게 담는 것도 힘든 일이다. 70% 정도만 담겨도 거의 담았다 생각해라. 물론 더 담을 수 있지만, 항상 공간(空間)이 필요하다. 그것을 조절하는 능력이 진짜 능력(能力)이다.

---

1) 말이나, 행동이 앞뒤가 순리적으로 서로 맞지가 않음이다.

쇠(衰)하는 단계에서의 실천 사항.

자기 자신을 다스리는 일은, 자신이 할 수 있는 일 중

제일 어려운 일이자, 쉬운 일이다.

자신에 대한 일은 스스로 알면서도 확신을 갖지 못한다. 언제 어떻게 변 할 줄 모르기 때문이다. 사욕(私慾)으로 가득 찬 자신을 스스로 억제하지 못하기 때문이다. 가끔은 자신의 감정을 스스로 진단하는 기회를 가져야 한다. 평정함을 확인한다.

◎ 탄력(彈力)이란 힘을 받는 것이다.

지나치게 곧으면 탄력을 얻기 힘들다.

너무 곧은 것은 쉬 부러진다 하였다.

부러지는 것만 생각하지,

탄력을 못 받는다는 것은 생각 안 한다.

생사보다 그 이전에 중요한 것이 탄력이다. 탄력은 생명을 연장하는 묘한 기운을 갖고 있다. 힘들고 어려울 때 일수록 더 유연함을 보여야 한다. 어렵다고 처지거나, 지치는 것은 기운을 더욱 곧게 만드는 외곬수다. 상념을 버리고, 체념을

버리고 더욱 환하게 웃는 것이 탄력을 만드는 일이다.

탄력이란 휘어짐이다. 자신을 낮추고 유연하게 어울리는 것이다. 허리를 중심으로 고개를 숙이고 몸을 낮추며 다시 허리를 편다. 허리를 지나치게 오래 굽히면 굳어져 버린다. 잠시잠깐 굽혔다 다시 펴는 것이다.

◎ 존이불논(存而不論).

존재(存在)한다는 사실은 인정(認定)을 하면서, 왜 존재(存在) 하는 가? 는 논(論)하지 않는가?

부족한 과거를 아는 것은 충만한 현재와, 지향적인 미래를 위함이다.

과거의 체험은 어려워도, 깨달음은 넉넉하다.

비상구를 항상 확인해야 하는 시기다.

제 ❸ 장

낙향(落鄕) 편

그래도 가야 하는 길이다.

길을 돌아본다.

지나온 길도 길이요,

갈 길도 길이다.

노력한 결과를 바라보며, 애쓴 대가를 취한다.

후회와 기쁨과 만감이 교차하는 어지러운 시기다.

뒤돌아보아도 보이지 않는다. 이미 지나온 길이다.

제 3 장

제 ❸ 장-----낙향(落鄕)편

7. 일곱 째 마당. ▶ 7월

병(病)드는 시기다.
꽃이 시드는 것은 열매를 맺기 위한 서곡이다.
열매란? 따지 않으면 곯는다.

8. 여덟 째 마당. ▶ 8월

사망(死亡)의 시기다.(사망)
구렁이가 담을 넘어 들로 가는 이유다.
내 뜻대로 가는 것이 아니다. 다 남의 뜻이다.

9. 아홉 째 마당. ▶ 9월

묻히는 시기다.(묘)
후세에 판단을 묻고, 흐름에 맡긴다는 것은
말 속에 말이 있는 말이다.
다 자기 합리화이다. 죽은 자는 말이 없고
다만 입방아에 오를 뿐이다.

가을철 메뚜기들의 사랑과도 같다.
추수가 끝나면 지낼 곳이 없어지는 것이다.
가을이란? 풍요한 것 같으면서 서글픈 것이다.

산은 푸르고, 물은 부족하지만 계속 흐르는 것이 가을이다.

병病

지나치면 생기는 결과다.

한창때의 기운도 이제는 예전 같지 않다. 마음먹은 대로 일도 제대로 이루어지지 않고 자꾸만 의욕이 사라진다. 지는 석양(夕陽)은 노을이야 곱지만 태양이 사라지고 곧 어둠이 오는 것을 알린다.
,

정상(頂上)을 뒤로 하고 내려온 지도 한 참이다.

회한(悔恨)이 앞을 가로 막는다.

잊어야 하고 잊어야 하는 시기다. 내려가는 일에 열중해야 한다.

소서(小暑)

여름이 본색을 드러내는 시기다. 낮이 차차 짧아지기 시작한다.

소서(小暑)와 대서(大暑)의 절기가 있는 시기다.

소서(小暑)에는 더위가 시작이 된다.

대서(大暑)

대서(大暑)는 더위가 극을 나타낸다. 시기적으로 일하기가 힘들다.

더위가 지나치니 건강에 유의해야 한다.

병(病)드는 단계에서 나타나는 특징.

✌ 승부의 열기가 다 식어간다.

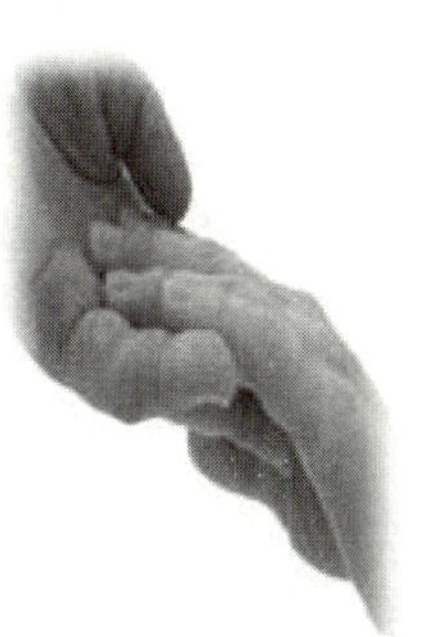

정상(頂上)을 뒤로 하고 내려온 지도 한 참이
다. 회한(悔恨)이 앞을 가로 막는다.
잊어야 하고 잊어야 하는 시기다.
내려가는 일에 열중해야 한다.

점은이 에게는 더 밝은 내일이 기다려지지만, 나이가 들수록 내일이 오
는 것이 두려워지는 시기다. 점점 어두워지는 것만 같다. 병(病)드는
시기다.

치열한 싸움이지만 아직 승부는 계속 이어지고 있다. 한바탕 뜨거운 열기가 다 사
라지고 차가운 냉기가 엄습한다. 전열을 가다듬고, 바뀌는 환경에 적응해야 한다.
계획을 바꾸어야 한다. 이전의 방식으로는 식상한다. 좀 더 혁신적이고 새로운 돌
파구를 찾아야 한다.
협력과 도움이 필요한 시점이다. 서로의 단점을 보완하는 슬기로움이 필요하다.
아집과 편견을 버려야 하는 시기다.
자꾸 무엇인가가 사라진다. 비워지는 것을 채워야 한다. 초상이 나지 않았는데도
통곡소리가 들리고, 울음소리가 들리는 시절이다.

◎ 밀고 당기다 보면, 무엇인가가 걸려 나오는 경우도 있다.

확인 사살을 한다. 잡아당기기도 하고, 찌르기도 한다. 매사 확실한 것이 좋다. 노력하면 생각 이외의 부산물이 나오는 경우도 있다. 때로는 노력이 헛수고로 나타난다. 결코 후회 없는 일이다. 상대방에게 자신의 존재를 부각시킨다. 흔적은 고스라니 남는다.

어렵고 힘들수록 서로 돕고 의지하는 것이다.

제일 조심할 것은 마음속으로 감사하고,

허락함을 잊지 말아야한다.

◎ 자신의 존재를 알리는 일이, 자신을 지키는 것이다.

자신을 알리기 위해 동분서주한다. 외풍을 차단한
다. 재난도 방비한다. 안 좋은 일은 못하도록 막는
다. 간혹 자기 일에만 종사하는 외곬수가 되는 단점
이 나타난다. 주변과 융화가 필요하다.

◎ 작으면 작은 데로, 크면 큰 데로 다 제 역할을 한다.
　급하다고 막 쓰다보면 걱정이 생긴다.

큰 힘만 힘이 아니다. 작은 힘도 뭉치면 큰 힘 이상으로 효과를 나타낸다. 모든
것은 서로 다 연관관계가 있다. 바늘이란 항상 그 끝이 무섭다. 살다보면 가끔
자충수를 두는 경우가 자주 나온다. 조심하라. 하찮은 일로 인해 큰 낭패를 보
는 경우도 생긴다. 묻혀가다 보면 실수한다. 건강으로는 스스로가 자신을 얽매
는 우울증에 사로잡힌다.

전세 값이 오른다고 덩달아 올린다. 전세 값을 올려도 나중을 생각해야
한다. 보증금이란 돈도 다 빚이다. 요긴하게 쓰기야 하겠지만 가격이
내려가기 시작하면 어려운 상황이 닥친다.

◎ 고속도로에서는 서행이 아니다. 밟아야 한다.

안에서 소리를 못 들으면, 들릴 때 까지 더욱 세게 두들겨라. 아기도 울어야 엄마가 쳐다보는 것이다. 그래야 기저귀도 갈아주고, 젖도 준다. 답답하고 불편하면 속이 시원하도록 표출해야 한다. 상대방이 확실히 알 수 있도록 해야 한다. 내성적 성향이 자랑이 아니다. 타파해야 한다. 병은 알려야 한다. 치유방법을 공개적으로 구한다. 잘못은 시정하고, 분발함을 요하는 것도 원원 이다.

◎ 진정한 올바름은 아무리 행해도
부작용이 생기지 않는다.

행함에는 자신의 능력이 필요하다. 행함에는 도구를 이용하기도 하고, 사람을 등용하여 인물을 활용하기도 한다. 행함에는 용도에 맞게 행함이 적절하다. 알맞은 재정적 능력을 겸비하고, 작용과 반작용에 따른 용병술이 필요하다. 행함에 있어 자신이 쓰일 때는 나아가 자신의 능력을 발휘하지만, 쓰이지 아니할 때는 물러나 지켜보는 것도 처세다. 행함에 있어서는 한 가지 일에 전념하는 것이 올바르다. 연관된 사항에 대한 부분은 분담하고, 정신을 집중해 처리하는 것이 완성도를 높인다.

◎ 낮말은 새가 듣고, 밤 말은 쥐가 듣는다.

식언이비(食言而肥)

헛소리로 살이 쪘다는 말인데, 비웃음이다. 항상 언행을 조심하고 사소한 말도 때와 장소를 가려라. 손 안에 잡아넣어 이제는 안심이구나 생각하고 꽉 쥐는 순간 손 틈새로 빠져 나가는 것이 기밀이요, 누설이다. 방심한 대가다. 완벽을 기한다는 것은 어려운 일이지만, 최대한 확인에 확인을 거듭하는 것이 좋다.

외부와 차단막을 설치하고 쓸데없는 공론은 없는 것이 좋다. 자중지란을 막는다. 다 된 밥에 코 빠트리는 결과가 나온다. 무조건 힘을 합하면 상대방을 이긴다는 숫자놀음에서 벗어나야 한다. 들리는 소문만 믿고 이긴 양 착각하여 경거망동 하다가 아야! 소리 못하고 당하는 일이 생길 수 있다. 껍질을 벗기고 속 알맹이를 보아야 알 수 있다. 섣부른 예단은 항상 씻을 수 없는 기억으로 남는다. 첫인상, 첫사랑이 항상 기억에 남은 이유다. 처음 대할 때는 속을 잘 모르는 것이다. 시간이 지나면서 후회하고 이상하게 꼬이고 잘 이루어지지 않는 것이다. 좋게 본다면 지나치게 순수함만 생각했다는 것이다. 시간이란 돋보기가 필요하다.

병(病) 드는 단계에서의 확인사항.

◎ 안목이란 넓고, 길고, 높고, 깊어야 한다.

속도 넓어야 많은 것을 담을 수 있다. 좁은 속과, 안목이라면 당장의
이익에 눈이 먼다. 그것도 병이다.

◎ 앞서 간다는 것은, 외로운 나와의 싸움이다.

앞장을 서도 앞잡이가 되어서는 안 된다. 앞서 나가도 지나치게 앞서거나 빠르
면 못 보고 지나치는 것이 너무 많아진다. 가끔 쉬며 뒤돌아보는 것도 필요하
다.

가는 길이면 이왕지사 함께하는 것이 좋다. 앞선다고 도망가는 것은 비
겁한 행동이다. 가더라도 확실한 자기 목표가 있어야 한다. 중도에서
낙오하면 모든 것이 낭패가 된다. 쉬지 말고 가더라도 체력을 안배하며 조절해
야 한다. 간다 간다하면서 항시 제자리걸음은 하지마라. 차라리 쉰다고 해라. 꽃
이 시드는 것은 열매를 맺기 위한 서곡이다. 알바를 지나치게 많이 하다 보면
책임감이 사라진다.

◉ 항상 지나치면 화근이 생긴다.

잘못을 지적하고, 훈시를
해도 넌지시 해야 한다.

지나치게 엄격하고, 성정이 과격하면, 남과의 유대관계가 원만하지 못하여 왕따를 당한다.

시대의 영웅이 어진 군주를 만나지 못하면, 부모를 여의어 봉양할 길이 없는 자식과 같다. 백성이 어진 군주나, 현명한 군주를 만나지 못한다면 어찌 될 것인가? 현대에서는 선거판이 일종의 대역 전쟁 역할을 한다.

많은 이들이 관심을 갖는 것도 다 그 때문이다. 온갖 네거티브 정략이 나온다. 남을 비방하고 물어뜯기 위한 공격을 한다. 국민들은 즐기는 것이다. 관망하는 것도 즐거움이다. 볼만한 구경거리가 되는 것이다. 나의 관심사이며, 할 일 이기도 하다. 다 끝나고 나면 후회하는 이도 있고, 그저 그런 듯 체념하는 이도 있고, 아쉬워하는 이도 있고, 잘 했다는 이도 있다. 대체적인 결론은 손가락을 잘라야지 하면서도, 참여해야 하고, 알고 모르고 당하기도 하고, 나름대로 소신을 보이기도 한다. 다 그리 사는 것이다.

◎ 서 있는 곳이 남쪽이라 생각하고 있는데,

당신은 정작 북쪽에 있는 것이다.

쓸데없이 동분서주한다.

지적 재산권을 주장하려면 확실한 근거가 있어야 한다. 애플과 삼성의 싸움에서 보듯 특허권이란 일종의 지적재산권인데 확실한 근거가 있어야 하고, 논리가 필요하다. 시대적인 흐름과, 진보적인 개발논리도 필요하다. 영원한 것은 없다. 시간이 흐르면 그보다 더 점진적 신기술이 나온다. 모든 재산권은 일시적이지 영원할 수 없다. 그것을 지키는 방법은 더 발전된 신기술로 대응해야 한다. 잠시 주춤하고 방심하는 사이, 누군가가 더 혁신적인 재산권을 행사할 수 있다.

정상에 있는 듯해도 당신은 아직도 그 밑에서 허덕이고 있다. 앞선다는 것은 뒤에서 밀어서 밀려 앞에 설 수 있는 것이고, 당신이 노력해 남보다 앞에 있을 수도 있다. 당신이 앞인가 하고 뒤 돌아보는 순간, 누구인가 당신을 앞질러 나간다. 앞이란 돌아서면 뒤가 된다.

◎ 음이 양을 볼 때, 양만 보이지 음은 보이지 않는다.

내가 상대방을 겨냥하고 있는 동안, 내 등 뒤에서 누구인가 또 나를 겨누고 있는지 모른다.

내가 상대를 겨누느라 시선이 집중되어 있는 것을 뒤에서는 그것 자체를 다 보고 있다.

낮 말은 새가 듣고 밤 말은 쥐가 듣는다 하지만, 항상 나를 주시하는 시선이 있다는 것도 알아야 한다. 내가 상대방을 주시할 때 상대방은 그것을 모르지만 나 역시 또 다른 삼자가 나를 주시하는 것을 나는 모르는 것이 세상사다.

양 역시 음을 볼 때, 음만 보이지 양은 보이지가 않는다. 자신의 모습을 못 본다. 제삼자의 입장에서는 양과 음을 다 보고 있다. 때로는 삼자의 입장에서 보는 안목이 필요하다.

병(病) 드는 단계에서의 실천사항.

앞에 놓인 산적한

과제들을 정리해야 한다.

내가 하는 것이다. 남에게 맡기지 말아야 한다.

내가 하면 득(得)이 되나, 남이 하면 실(失)로 작용하는 시기다.

많은 욕심내는 것이 아니다. 내가 실을 수 있는 것은 작은 양이다. 지나친 욕심
은 화근을 자초한다. 소득은 작은 것 같아도 그것이 수 십 배로 불어난다. 사소
해 보이고, 초라해 보여도 감추어진 능력은 무한하다. 작은 소용물이라 해도 소
중히 간직하고, 활용해야 한다.

전기불은 켜면 환하다. 등이 많다면 더더욱 환하다. 마치 빛과 같은 밝음으로 이
어진다. 얼마나 갈 것인가? 전기가 꺼지면 순식간에 암흑(暗黑)으로 변한다. 다만
그동안 켜졌던 등의 열기(熱氣) 만이 남아 있을 뿐이다.

호 롱불은 밝다. 전기를 이용한 것만은 못하지만, 어둠을 밝히는 데 나름
대로 역할을 한다. 호롱불은 불어서 끄지 않는 한, 그리 쉽게 꺼지지
않는다. 심지는 기름이 남아 있는 한 계속 불을 밝힌다.

◎ 자기 것은 스스로 챙겨야 한다. 누가 해주지 않는다.

공생이란?

내가 나가기 위함이다.

남을 믿고 맡기는 것은 창고 열쇠를 주는 것이다. 처자식도 못 믿는 상황이 발생할 수도 있는 것이 세상이다. 매사 일처리를 남의 말만 듣고 결정해서는 안 된다. 공생하는 방법을 찾는 것도 선택이다. 활용할 요소(尿素)들을 찾아야 한다. 적재적소가 요구된다. 혼자 할 일이 있고, 맡길 일이 있다. 구별되어야 한다.

◎ 못 먹는 감 찔러본다. 찔러봐야 내가 다친다.

사람의 오기(傲氣)란 정당한 기운이 아니라, 악한 감정이다. 갖고 있을수록 썩어 들어가는 기운(氣運)이다.

마음먹기에 달린 일이다. 모양도 바꿀 수 있는 기운(氣運)을 갖고 있다. 가르치고 배우는 것도 사부(師父)를 잘 만나야한다. 어느새 그런 위치에 있다. 잘 잘못에 대한 판단이 서기 시작한다. 가끔은 행동이 앞서지만 몸이 말을 안 듣는다.

◎ 품위유지를 해야 하니 답답한 일이다.

실로 대단한 것이다. 작은 것과는 너무나 차이가 난다. 크다보니 한 편이 아닌 전체적인 균형을 잡아야 한다. 모든 것이 타(他)에 비하여 많은 경비와 인력, 제반비용이 부담이 많다. 명성(名聲)으로 인한 어려움이다. 능력이 있으면 윈, 윈 이지만, 아닐 경우는 심각한 상황이 발생한다. 항상 최고라 하여 좋기만 한 것은 아니다. 길(吉)로 작용하면 다행이지만, 흉(凶)으로 작용하면 답답해진다. 분수를 지키는 것이 참으로 간단하면서 어려운 일이다. 실력 껏 지원하듯 처세도 마찬가지다.

극(極)과 극의 상황이다. 반전(反轉)에 반전을 거듭한다. 여름에 겨울 날씨를 만나는 것이요, 겨울의 이상난동 현상이다. 종잡을 수 없는 상황이 계속 이어진다. 한 치 앞을 내다볼 수 없는 것이 삶이다. 가능한 한 멀리 보며 항해하라. 여기는 망망대해다.

곱던 피부가 거칠어진다. 이제 늙어간다. 피부 관리에도 신경써야한다. 젊은 사람들보다 오히려 이제는 나이든 사람들 화장품값이 더 나간단다. 매장에서 주 고객이란 말이다. 나이가 완숙하면 지나치게 신 김치는 피해야한다. 치아가 약해지기 때문이다. 건강도 품위다.

◎ 이래저래 탓하는 것이다. 다, 너 탓이다.

어려워도, 욕심이 생겨도, 양상군자(梁上君子[1])는 안 된다.

마음이 올곧지 못하고, 항상 비틀어진 선 이다. 아무리 옳게 보려 해도 보이지 않는다. 마음을 추슬러 단단히 해야 한다. 항상 흔들림으로 인해 마음고생이 많다. 안목(眼目)이 휘어진다. 사시(斜視)가 된 기분이다. 간혹 최고조의 상태를 유지하기도 한다.

여행을 위한 새 옷을 준비한다.
용기 보다 신념이 중요한 시기다.

---

1) 도둑을 일컫는 말이다.

◎ 한 손으로 할 것을 두 손으로 하면 더 쉽고, 빠르다.

여민동락(與民同樂)1)의 심정이다.

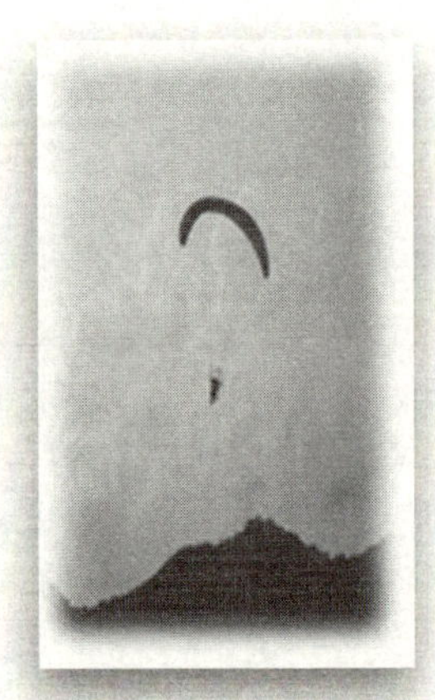

혼자 할 일이 있고, 여럿이 할 일이 있다. 세상에 독불장군은 없다. 내가 잘 난 것은 내가 더 잘 안다. 부족함을 알면서도 자존심에 오기로 혼자 버틴 다는 것은 참으로 어리석은 일이다. 왼손, 오른손 다 각자 제몫은 한다. 어리석음을 알면서도 어리석은 행동을 하는 것이 자신이다. 스스로 반성을 하면서도 그래도 아니 혹시나 하는 기대도 해본다. 결과는 역시 다. 오죽하면 혼자 하겠는가? 아니다. 사방을 둘러보라. 보인다. 아직 덜 찾는 당신의 게으름이, 침착함이 부족한 탓이다.

한 손으로 주는 것 보다는, 두 손으로 주는 것이 보기가 좋다. 어차피 주는 것 편하게 가볍게 주어야 한다. 두 손을 모으면 보기는 한 손 같으나 힘의 차이는 엄청나다. 각 손마다 다 제 역할이 있다. 한 손으로 하려는 것은 무리다. 명줄이 끊어진다.

힘든 걸음이 무거워 보인다.
노여움이 치받치는 시기다.

---

1) 왕이 백성과 함께 더불어 즐거움을 나누는 것.

第八

⑧ 여덟 째 마당

사, 망(死, 亡)

소리의 유有, 무無다.

죽은 자는 말이 없다.

사람들의
왕래가
멀어진다.
세상이란
그런 것이다.
탑이
주저앉는
모양이다.
그래도
형체가
없어지지
않는다.

사이좋게 나누는 것이다. 칼로 물 베기다. 결국은 통한다.
욕심을 부려봐야 나는 더 갖지 못한다. 상대방의 몫이 더 크다.
미리 안다면 대인(代人)이요, 후(後)에 안다면 소인(小人)이다.

입추(立秋)

입추와 처서의 절기가 있는 시기다.
입추立秋에는 가을의 문턱을 가로막고 있는 마지막 더위의 발버둥이다.

처서(處暑)

처서處暑는 쓸쓸한 기운이 한낮에도 느껴지는 시기다.
서늘한 기운이 확연히 느껴지기 시작한다. 드센 기운이 사라진다.

사(死), 망(亡)하는 단계에서 나타나는 특징.

모든 것은 순환한다.

머리를 써라. 녹슬지 않도록 말이다. 냉각수를 추운날 씨에도 잘 견딜 수 있도록 해야 한다. 낮과 밤의 기온 차가 제법 심하다. 완연히 환경이 바뀐다. 미리미리 대비해야 한다. 여기서 늦으면 고생이 앞을 가로막는 다. 환율과 기타 여러 상황을 종합적으로 체크해야 한 다. 직접적인 상황은 아니라도 그로 인한 여파를 대비해야 한다.

손익 계산으로 분주해지는 시기다. 과연 어떤 결과가 나올까? 이미 나 름대로 계산은 나온 것이지만 확실한 것이 좋다. 공과를 논하며 타산 지석으로 삼는다. 더 나갈 길이 멀다. 길은 끝이 없다.

당선하기 위해 자신의 투표지역 주민들에게 혜택을 주고, 모종의 이익을 남길 수 있는 여건을 조성해 투표자들의 마음을 얻어 당선이 되었다고 하자, 과연 이 사람을 일꾼이라 할 수가 있겠는가? 계속 당선이 되기 위해 점점 강도가 강한 무엇인가를 보이고 실행으로 옮겨야 할 것이다. 양이 점점 강해지면 음은 점점 약해진다. 그리고 자꾸만 사라진다. 애꿎은 민초들만 피해를 보는 것이다. 그것 은 표를 던진 사람들 몫이다.

◉ **생각을 여유 있게 하라. 사망(死亡)의 시기다.**

비 오는 날 큰 우산은 둘이 사용할 수 있어도, 작은 우산은 혼자밖에 못쓴다. 둘 중 한 사람은 비를 맞아야한다. 아무리 큰 우산이라 할지라도 손잡이는 결국 하나다. 누구인가는 희생해야 한다. 우산이 지나치게 크다면 들고 갈 수 없다. 우산의 특성이다. 비오는 날 준비가 덜 된 사람은 비를 맞던가, 출행을 포기해야 한다. 쏟아지는 비를 맞으며 잠시 갈 수는 있다. 그러나 비에 젖는 것은 피할 수 없다. 사망이란 꼭 숨을 멈추거나, 흐름이 멎는 것만이 아니다. 진행은 이어진다. 많은 희생을 감수해야 한다.

◎ **남의 사정을 살필 때는 밝게 해야 한다.**

살핀다는 것은 상황이 어떤가 알아본다는 것이다. 어두워 나타나지 않는 부분이 없도록 힘들고, 어려운 사정도 낱낱이 헤아려야 한다. 부당함은 스스로 내쳐야 하는 일 중의 하나다. 누구인가 엿보고 있다. 매사 흠 잡히는 일을 하지 않도록 하고, 구설에 휩싸이지 않도록 해야 한다. 요사스러움을 멀리하고, 사물이나 일의 득실을 정확하고, 공평하게 헤아려야 한다.

스스로 방비함이 옳다. 미루지 말고 서둘러야 한다. 문호를 개방하는 것이다. 모든 이가 어려움 없이 찾도록 하는 것도 덕목이다. 늪에 빠지면 헤어 나오기 힘든 것은 당연하다. 늪 주변에는 아예 가지 않는 것이 상책이다.

◎ 세상은 넓고 할 일은 많다.

다만 시기의 선택과, 활용하는 안목의 차이다.

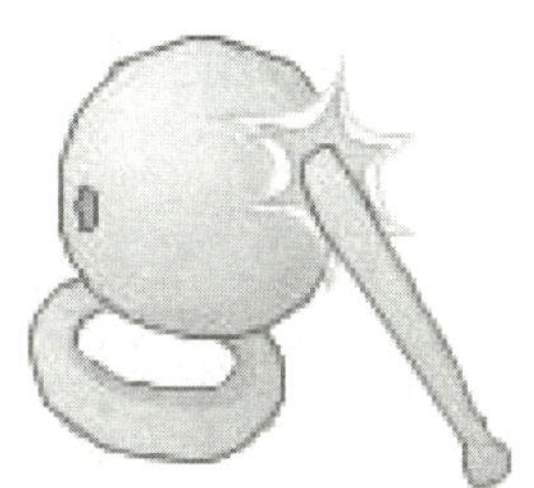

모든 것은 제하기 달린 것이다.

상황은 언제든지 변하고,

만들어진다.

오라는 곳은 없어도, 갈 곳이 많은 사람과, 갈 곳은 없어도, 오라는 데는 많은 사람의 차이다. 오라는 데는 없는데 왜 갈 곳이 많을까? 문전박대다. 갈 곳이 없는데 왜 오라는 곳은 많을까? 취사선택이다. 갈 곳도 없고, 오라는 곳도 없는 사람도 있다. 용도폐기다.

상황이 어려워도 슬기롭게 극복하는 사람이 있고,

상황이 좋아도 허무하게 무너지는 사람이 있고,

기회 한 번 잡지도 못하고 물러나는 사람도 있다.

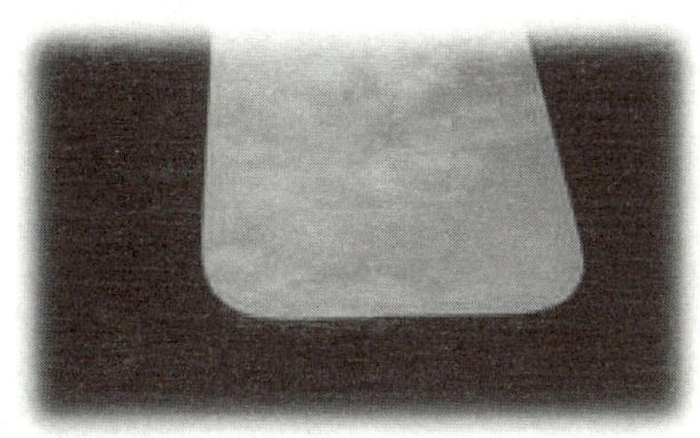

비행기 안에서 아래를 내려다본다. 무엇이 보일까?

◎ 관심이 있으면 시선이 가는 법이다.

시선을 준다는 것은 눈으로 찝쩍거린다는 것이다. 그것이 길이든 흉이던 마음으로 같이 하기를 부르는 것이다. 시선도 잘못 주다 오해받는다. 관심 또한 마찬가지다. 사지 않을 물건은 만지지도, 흥정도 마라. 오해를 받지 않도록 세심한 주의가 필요하다.

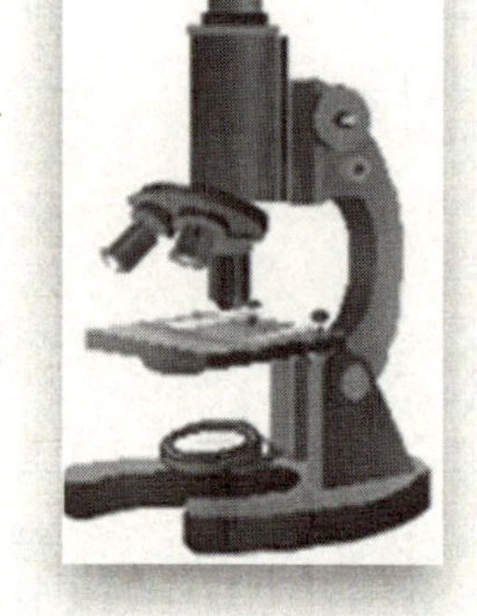

남의 단점은 잘 보아도 나의 단점은 잘 보지 못한다. 등잔 밑이 어두운 법이다. 주변부터 살펴라. 책상서랍, 냉장고를 열어보면 정리하고, 버릴 것이 항상 기다리고 있다. 제일 가까운 곳부터 살펴야 한다.

상대방을 무시하는 태도는 견지해야 한다. 나보다 더 나을 수도 있다. 세상 각지에는 영웅호걸이 많다. 뛰는 놈 위에 나는 놈이다. 나는 놈 위에는 뜨는 놈이 항상 있는 것이다.

◎ 긴다는 것은 어려움이다. 발버둥치는 것이요, 굼틀거리는 것이다. 옆에서 보면 안쓰러운 것이다.

몸을 움츠리고 도약을 위한 안간힘을 다한다. 시작도 끝도 없는 무한도전이다. 승리란 결과를 중시한다. 과정이 아무리 좋아도 골을 넣지 못하면 소용이 없다. 오히려 골을 먹으면 낭패다.

◎ 넓기만 하고 포용할 줄 모르면 참다운 사랑이 아니다.

감싸주고, 이해하고,

너그러움도 나타내야 한다.

열매란 땅위에서만 열리는 것이 아니다. 땅속에서도 열린다. 결과란 눈앞에 가시적으로 나타난 것만이 결과가 아니다. 나타나지 않은 감추어진 결과도 있다.

나무도 포용을 한다. 암수가 옆에서 서로를 감싸주고 아끼는 것이다. 은행나무처럼 떨어져 있어도, 마음을 전하지만 암수가 가까울 경우는 항상 포용하기 마련이다. 같은 옴이요, 양이면 서로가 위를 향해 치닫지만 항상 주변을 감싸며 군락을 이룬다. 포용이란? 나의 마음을 전하고, 상대의 마음을 받아주는 것이다. 보는 것 만 으로도 족한 것이다. 사(死), 망(亡)하는 단계에 다다르면 사람이 달라진다. "진즉에 그랬으면!" 하는 마음을 누구나 갖는 것이 이 시기에 느끼는 감정이다.

내리 사랑만 있는 것이 아니다.

펴주는 사랑도 있고, 공경하며 받드는 사랑도 있다.

◎ 돈이란 사람에게 믿음을 주는 묘한 사물이다.

돈은 좋긴 좋은 것이다.

아무리 무거운 짐을 지고 가도, 주머니에 돈이 그득하면 무거운 줄 모르는 것이 돈이다. 돈은 사람을 돌게 만든다. 은혜를 저버리는 일도 서슴지 않고, 흉악한 일도 저지르게 만드는 참으로 기이한 물건이다. 돈이란 부끄러움도 모르고 모든 것을 잊게 만드는 경우도 있다. 돈이란 이처럼 많은 힘을 갖고 있는데 사람이 스스로 만든 것이니 어찌 할 것인가? 팔자다 생각하고 자기 그릇을 생각하라. 욕심을 버려야 한다.

자기가 정해놓은 틀에 스스로 노예가 된다. 편하기는 해도 힘에 부치고, 능력이 부족하고, 깨달음이 모자라는 사람에게는 늘 그림의 떡이 되어버린다. 돈이란? 돌고 돌아야 한다지만 사람도 따라 돌면 안 되는 것이다. 유흥비 마련을 위해 자기 집을 터는 어처구니없는 일도 생기는 세상이다.

사(死), 망(亡)하는 단계에서의 확인 사항.

◎ 지나온 발자취를 더듬다보면 뒤로 간다.

구렁이가 담을 넘어
들로 가는 이유다.

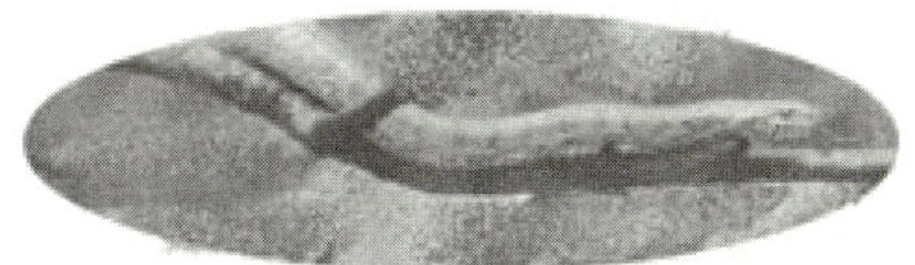

눈이란 앞에 달려 있어 앞을 보기가 편하다. 돌아서면 뒤도 앞이 되지만 그것은 후퇴다. 아래를 보면 가까운 곳이 잘 보이니 쉬고 싶고, 앞을 보면 방향을 정확히 정할 수 있어 가고 싶고, 위를 보면 불안해 나아갈 수 없다.

◎ 성숙이란? 숙성과는 다르다.

　　　일맥상통하는 점도 있지만 차이가 있다.

오랜 관습은 고리타분한 것이 많다. 새 시대에 어울리지 않는다는 말이다. 시대의 변천에 따른 새로운 관습들이 생기기도 하지만 오래된 관습이 고쳐져 통용되기도 한다. 장맛은 묵은 것이 좋다 한다. 오래된 것이라 숙성시킨 것이다. 술도 쉬 상하는 게 있다. 변하는 것이다.

무슨 이유로 그럴까? 술이란 오래 묵은 것일수록 좋다고 하는데 이유는 무엇일까? 물인데 상하지 않는 물이다. 알코올이 들어갔으니까. 술과 같이 오래 되도 괜찮은 좋은 관습들도 많다. 순리에 의한 것들이다.

◎ 가랑비에 속옷이 젖는다.

부모란? 죽는 순간까지 자신과 가족을 위해 봉사 헌신하는 것이다. 그 역할은 대를 이어 전해지는 무서운 관습이요, 의무다. 자식이 부모를 봉양하는 시대가 아니다. 각자가 제 갈 길을 스스로 마련해야 하는 시대다. 지나친 개인주의가 만들어낸 사회의 각박함과, 인성교육의 부재가 낳은 결과다. 화분에 물을 주어도 조금씩 꾸준히 주어야 물이 흙에 잘 스민다.

많은 양을 한 번에 주게 되면 넘치고, 밑으로 다 흘러버린다. 일의 완급을 조절한다. 동쪽에 이르렀다고 생각했는데, 정작 본인은 서쪽에 있는 것이다. 감각을 잃어버린 것이다. 방심으로 인한 착각이다. 지나친 여유와 방만함이 빚어낸 결과다. 모든 것을 손에서 놓았다고 끝이 아니다. 뒤처리가 더 중요하다는 것을 알아야 한다.

손을 털었다고 다 털은 것이 아니다. 부모 대의 부채가 자식에게 넘어가지 않는가? 아직 다른 할 일, 중요한 일이 많다. 파산, 면책이 되었다고 끝나지 않는 것이나 같다. 이제 새로운 것을 향해 또 전진해야 한다. 커다란 부담은 없어졌지만 이제 당신의 명의로 사업자 등록을 할 수 있다는 엄연한 현실이 당신 앞에 놓인 것이다. 여기서 손을 놓으면 당신은 진실로 묻히는 사람이 된다. 직접 나서지 못하면 자식에게 짐이 되지 않도록 새로운 분발을 해야 한다.

◎ 유연함도 지나치면 연약하여 아무 쓸모도 없어진다.

강함과 유연함을 겸비해야 함이다. 지나치게 단단
하면 쉬 부러지는 법이다. 단단한 것은 다듬을수록
부드러워진다. 지나치게 다듬다보면 헤지고 닳아
없어지는 수도 생긴다.

 연함이란 신축성인데 원상태로 복귀하는
힘이 있어야 하는데 지나치게 늘이다보면
원상태로 환원이 안 된다. 유연함이 도를 넘어 허약으로 변한다. 재기불능이다.
탄력이 붙어야 한다. 때로는 늘어지기도 하고, 당겨지기도 하며 완급을 조절하
며 힘의 강도를 보완한다. 강약의 조절은 항상 주변의 환경을 염두에 두어야 한
다. 조화를 이루는 그 자체가 탄력을 조절한다. 사방으로 고루고루 힘이 미친다.

◎ 현세는 말 춤, 봉 춤도 인기를 끄는 시대다.

말 춤으로 뒤범벅이다. 5기통 춤이라 정신없이 뛰는 시기다.
치세에는 음악이 안락하다 하였는데 ——————
사물이란 진동을 하여 움직임이 생기면 소리가 나게 마련이다.
귀란 소리를 듣는 인체의 청각기관이다. 지금 들리는 소리가 아름답게 느껴지는
가? 급하게 느껴지는가? 애달프게 느껴지는가? 기쁘게 느껴지는가?
감각이 둔하다고 음의 고저를 구분 못 하는 사람은 없다. 감각이 둔하다고 굉음

과 소음을 구별 못하는 사람은 없다.

감각이 둔하다고 기쁜 소리와, 슬픈 소리를 구별하지 못하는 사람은 없을 것이다. 감각이 둔하다고 소리가 들리는 것과 안 들리는 것을 구별하지 못하는 사람은 없다. 어려워도 어려운 것이 아니다. 힘들 뿐이다. 숙달되면 견디어나간다. 아직은 모든 기능이 정상이다. 폐차는 아니다.

◎ 일이란 음식물을 소화시키는 것과 같다.

사람들은 유전적으로 혹은, 선천성 질환으로 인하여 음식의 소화와 영양분의 흡수에 어려움을 겪는다.

그 근본적인 원인은 이가 약해서 잘 씹지 못하는 경우. 몸 안의 소화기능 작용을 하는 효소의 부족이나 원활한 작용이 안 되는 경우. 정신적인 문제로 인한 작용일 수도 있다.

사람이 음식을 섭취하는 방법, 소화시키는데도 여러 방법이 있다. 모든 이의 의견으로 정한 것이지만 길과 흉을 동시에 만든다. 항상 부족한 사람들의 마음을 헤아릴 줄 알아야 한다. 나도 언제인가 그리 안 된다는 보장은 없다. 항시 부족함이 없도록 준비하는 것이 상책이다.

사(死),망(亡)하는 단계에서의 실천 사항.

◎ 중심을 잃어버리는 이유.

내 뜻대로 가는 것이 아니다.

다 남의 뜻이다.

애써도 자기가 다 취하지 못함이다. 아무리 가만있으려 해도 잡아당기니 움직여지는 것이다.

왼쪽이 당겨지면 오른쪽이 어그러지고, 오른 쪽으로 당기면 왼쪽이 어그러진다. 당기면 어그러지는 이유다. 사람이 삐치는 것이다. 한 쪽으로 기우니 쓰러질까 걱정하여, 우려(憂慮)되나 하는 것이다.

한 쪽에서는 죽기 살기로 잡아당기고, 한 쪽에서는 강제로 끌려가니 삐치고, 이럴 수도 저럴 수도 없는 어정쩡한 상황으로 전개된다.

중심이 흔들리는 것이다. 평형을 이루지 못하니 자꾸만 기울어진다. 기준이 되는 중심점이 정신없다. 정신이 혼란하니 몸도 어찌할 바를 모른다. 심신이 흔들리니 쓰러지는 것이다. 흐름이 엉킨다. 부딪히다 보면 다치는 것이요, 상하다 보니 썩는다. 뜻을 확립하고 실행해야 한다. 아프면 대신 할 사람 아무도 없다. 자신뿐이다.

◎ 사이좋게 나누는 것이다. 칼로 물 베기다. 결국은 통한다.

욕심을 부려봐야 더 갖지 못한다. 상대방 몫이 더 크다. 미리 안다면 대인(代人)이요, 후(後)에 안다면 소인(小人)이다. 각자가 자기 길을 간다 해도 등지지는 않는다. 이혼을 해도 생활비는 부담한다. 자녀를 위해 가끔씩은 서로 얼굴도 보는 것이다. 원한은 없어도 서운하다. 그늘을 벗어나기 어렵다. 평생 따라다닌다.

비 오는 날 큰 우산은 둘이 사용할 수 있어도,
작은 우산은 혼자밖에 못쓴다. 둘 중 한 사람은 비를 맞
아야 한다.

◎ 가릴 수는 있어도, 취하지는 못한다.

함부로 손대는 것이 아니다.
꽃은 꺾는 재미가 아니라 감상하고,
향기를 느끼는 것이다.

한 번 덮고 나면 그만이다. 있을 때 잘 해야 한다. 가고나면 그만이다. 감추는 것도 힘든 일이다. 기밀이 유출(流出)되는 것이다. 미리 방지(防止)해야 한다. 신기술 유출로 인하여 엄청난 국가적 손실도 나오지 않던가? 미워도 다시 한 번이다. 얄미워도 감싸줄 때는 감싸주어야 한다.

가끔씩은 매로 다스려야 한다. 다 이긴 게임이고, 승부도 예상이 되었지만 지고 만다. 결정적인 순간 패착을 한다. 지나친 낙관과, 아집으로 인한 패배다. 상대를 낮추어 본 것이다. 말없는 순리(順理)의 힘이다. 다 된 밥에 코 빠트린다. 방법이 없다. 조심해라.

◎ 적군과 우군을 구별해야 한다. 혼란중이다.

서로 간의 중요한 물증이다.
확인 한다.

일 자체에 열중하다 보면 앞뒤가 혼탁해지기 마련이다. 중간 중간에 점검해야 한다. 이권이 개입된 일일 경우 더더욱 문제가 심각해진다. 혼자 하는 일도 마찬가지다. 주행 시 가끔은 계기판을 살펴 이상 유무를 확인하는 것이다.

길 (吉)과 흉(凶)을 구별해야 한다. 기준을 정해라.
서로의 권리를 양분하여 서로가 필요한 사람이 되어야 좋다.

중요한 문서는 사본을 따로 만들어 두라.

하나는 불안하다. 둘로 나누어 보관하면 편하다.

사람간의 인연도 다시 이어진다. 서로간의 확신이 필요하다.

◎ 앞으로 가도록 뒤에서 밀고 있음이다.

앞으로 가는 것은 순順이요,
뒤로 가는 것은 역逆이다.

온 힘을 다해 밀어도 앞에 장애물이 있으니 더 이상 나가지 못한다. 능력은 있어도 실력 발휘가 안 된다. 밀어도 나갈 사람을 밀어야 한다. 그릇을 볼 줄 알아야 한다. 애 쓴 보람이 없다. 노력(努力)이 허사(虛事)다. 청춘을 돌려달라고 아무리 노래를 불러도 이미 지나버린 청춘은 되돌릴 수 없다. 지나온 세월 후회한들 무엇 하며, 자꾸 회상하면 무엇 하리!~

항 상 뒤에 쳐진다. 앞으로 가라고밀어도 선두에 설 수 없다. 선두가 막히니 치고 넘어갈 수 없다. 길은 외길이요, 앞지르기를 할 수 없다. 큰 차가 앞에서 고문관 노릇을 하면서 천천히 가니 추월이 안 된다. 답답한 것은 시야가 가리니 더더욱 갑갑하다. 아무리 바빠도 천천히 갈 수 밖에 없다.

◎ 사채업자가 채무자의 집에 진을 치고 있는 형상이다.

시간은 없는데 자꾸 일이 늦어진다. 진척이 없다. 갈 길은 바쁜데 자꾸 신호에 걸리고, 차만 밀리는 형상이다. 아무리 설쳐도 효과가 없다. 차라리 한동안 쉬면서 하는 것도 좋다.

◎ 만만디다. 바쁠 것이 없다. 속도 모르고 하는 소리다.

길 (吉)로 작용해도 좋을 것은 없는데, 흉(凶)으로 작용한다면 심각한 사안이다. 판단이 중요하다. 몸이 무거우면 동작이 자연 둔해진다. 부채가 과다하다. 흐름이 둔해진다. 감각적인 판단도 필요하다.

다이어트를 해야 한다. 사람도 줄여야 한다. 필요 없는 지출(支出)이나, 경비(經費)도 줄여야 한다. 물리적인 현상은 눈에 보이나, 정신적인 면은 혼란이 가중된다. 항상 침착하고 신중해야 한다.

심하면 축소(縮小)로 이어진다. 필요한 사항이다.

빠르면 빠를수록 좋은 상황이다.

여름에서 가을로 넘어간다.

그래도 아직 여름의 기운은 남아있다.

묘(墓)

묻히는 시기다.

유동성이 심하다보니 저절로 사라진다. 접시에 담긴 물과 같다. 아침에는 나물을, 저녁에는 소금을 먹는다.

가을로 접어들었는데 아직 여름의 기운이 남아있다.

제비도 강남으로 갈 준비를 한다.

농사도 점점 한가해지기 시작한다.

백로(白露)

백로에는 가을을 맞아 오랜 만에 휴식을 취한다.
칠월 백로에 패지 않은 벼는 못 먹어도, 팔월 백로에 패지 않은 벼는 먹는다.

입추(立秋)

추분에는 겨울 준비를 서둘러야 하는 시기다.
벌레들도 서서히 땅속으로 들어가는 시기다. 밤이 길어지기 시작한다.
입추 때는 벼 자라는 소리에 개가 짖는다.
이슬이 찬 공기를 만나 서리가 되며,
단풍이 짙어지고 여름새와 겨울새의 교체시기에 해당하며
오곡백과(五穀百果)를 수확한다.

묘(墓), 묻히는 단계에서 나타나는 특징.

겨울을 대비하는 철새들이 모습을 드러낸다.

일부분만 보아서는 알 수가 없다. 전체를 보아야 아는 것이다. 사랑을 속삭이는 것인지? 싸우는 것인지? 말이다. 그것이 묻히는 단계다.

여름의 한창시기에 노닐던 새들이 자취를 감춘다. 여름 내내 잠적한 것들이 모습을 드러낸다. 상황이 바뀐다. 환경도 바뀌면서 다시금 도전하는 새 얼굴들이 나타난다. 승부의 암운이 깔리는 것이다. 상황이 극도로 어려워지기 시작한다. 묘수를 찾아보지만 이미 때가 지나버렸다. 어쩔 수 없다. 내가 견딜 환경이 아니다. 기운도 소진 된다.

겉으로는 평온한 것 같아도 모든 환경이 바뀌었다. 양은 사라진 것이다. 음이 득세한다. 푸른 초목이 누렇게 변하고 자신을 잊어버린다. 기나 긴 겨울잠을 대비하는지 모두가 사라진다. 영화로운 시기는 끝난 것이다. 기나 긴 인내의 시간이 돌아온다. 후세에 판단을 묻고, 흐름에 맡긴다는 말은 말 속에 말이 있는 말이다.

◎ 마음이 괴롭고 근심스러움이다.

이루어놓은 일에 대한 심적인 고통도 따른다. 뿌리가 깊은 고질적인 관습에 의한 무 개념적인 일이라도 하나, 둘 수면위로 떠오르면 가슴 저리는 일이다.

주 머니 털어서 먼지 안 나는 사람 없다. 사소한 일이라도 다 아픔은 있다. 지나치게 상대의 아픈 곳을 건드릴 필요도 없지만, 자신의 작은 부분 까지도 지나치게 자학할 필요도 없다. 모든 병에는 다 원인이 있듯 그 치유 방법을 찾는다. 아픈 곳을 만져주고, 격려하며 서로를 위로하는 마음이 필요하다. 운이 다하지 않은 이상 아직은 기력은 충분하다.

◎ 쩍 벌로 오해를 받기 쉬운 행동이다.

상대적이지 못한 이치다.

한 쪽은 크고 한 쪽은 작다보니 균형을 맞추기 위해 발을 벌리고 높이를 낮추는 것이다. 눈높이를 맞추어야 형평성이 이루어진다. 자신을 낮추어 행하라. 부부간에 다툼이란 칼로 물 베기라 하지만, 현세는 칼로 무 자르는 형상이다. 무가 크면 칼로 자르기가 힘든 것이요, 무가 중간 정도면 한 번이 아니라 몇 번 정도 내리치면 다 잘려나간다. 정도가 더 작으면 단 칼에 나가는 경우도 발생한다.

다툼을 하는 것도 좋지만 등을 보이면 안 된다. 등이란 밀어내는 것이다. 서로가 등을 맞대면 밀려서 멀어진다. 거리가 멀어진다. 거리가 멀어지면 모든 것이 멀어진다.

몸이 멀어지면 마음이 멀어진다는 것은 몸인 음이 멀어지니, 양인 정신도 자신이 존재하기 위해 다시 다른 음을 찾아야 한다.

음과 양은 항상 같이 있으며 자신들의 역할을 나누어해야 한다. 걷는다는 것도 벌어지는 것이다. 마주치면 부딪히기 때문에 피한다. 다툼에는 잠시 숨을 돌리면서 쉬는 것이 최상이다.

◎ 서쪽으로 해가 지는 어스레한 저녁 풍경을 나타낸다.

지는 것은
지는 것이다.

흑백 논리란 참으로 위험한 발상이다. 색깔이 제 본연의 색깔을 진하게 나타내지 못하고 뿌연듯하면 무조건 흰색으로 보니 말이다. 지는 것은 지는 것이고, 뜨는 것은 뜨는 것이다. 색깔이 제 색을 진하게 나타내면 무조건 검은 색으로 본다. 채도나, 농도나 기타 색에 연관된 부분에 있어 검은 쪽으로 기울면 검은 색이요, 흰색 쪽으로 기울면 흰색이요, 갖다 붙이기 나름이다. 양자택일을 부탁한다는 것은 강요하는 것이다.

음 양을 논한다면 중화의 기운이 있어야 음과 양이 구분 된다. 중간의 과정이 있어야 흑백이 이루어진다. 시작에서 완성을 이루려면 중간에서 순리적인 역할을 하는 과정이 꼭 필요하다. 그중 하나가 기준이다. 잣대가 필요한 것인데 모두들 자기들 위주로 편하게 잣대를 들이댄다. 눈금도 마음대로 정하고 간격도, 기울기도 자신들의 이익에 부합하도록 말이다. 다른 사람의 기준은 필요로 하지 않으니 그것이 문제다. 잣대가 사람 잡는 경우가 종종 생긴다.

◎ 감추어야 할 것은 보이지 않게 잘 감추어야 한다.

보이도록 감추는 것과 안 보이도록 감추는 것으로 크게 나누어지나 감추는 것도 등급이 있다. 아무리 많이 담아도 덮거나, 가릴 것이 없다면 없는 것이나 같다. 음이 있으면 양이 있어야 함이다. 수입과 지출의 완급조절을 요한다.

보 안유지에 완벽을 기해야 한다. 집안 단속을 잘 하라. 아니 땐 굴뚝에 연기가 날 이유 없다. 남 보다 나 자신의 단점에 조심해라. 내가 하나를 보면 상대는 둘을 본다는 것을 알아야 한다. 나의 그릇을 알아야 한다. 담지 못할 것은 담지 마라. 담아도 넘치는 것이 있고, 담을수록 쌓이는 것이 있다.

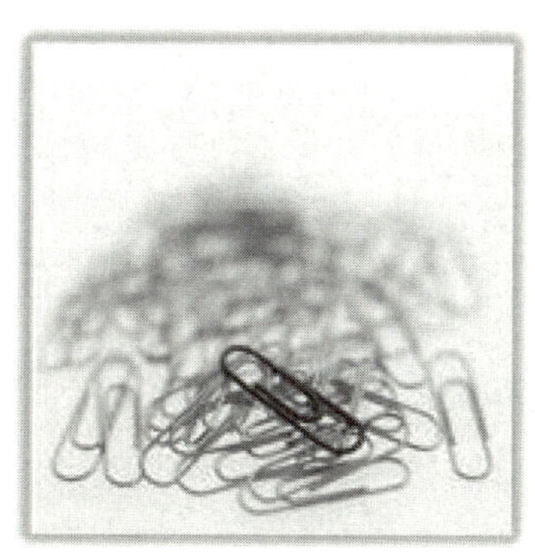

◎ 결단을 내리면 이미 되돌릴 수 없다.

모든 결론은 결정이 나기 전에 검토를 거듭해야 한다. 잘못된 결론은 똥과 같다. 치우는 것이 더 어렵다.

맹세하는 말은 모두가 듣기에는 거창하나, 되돌릴 수 없는 결점이 있다. 항시 의문? 이란 새로운 점검을 요구한다. 가는 길도 항상 되돌아보고 앞길도 점검하는 것이 좋다. 돌다리도 지나치게 두드리다 보면 다리가 무너진다.

끝이 보이기 전에 이을 것을 생각해야 한다. 희생하는 존재가 미리 대기해야 한다. 끝이란 새로운 시작의 연속이요, 시작이란 끝을 향한 질주다.

끊어버리면 잇기가 어려운 것이고,
이어도 자국이 생긴다.

◎ 고기는 물을 떠나면 살 수가 없다.

맹수는 밀림이나 산이 없으면 살기가 어렵다. 설사 생존한다 해도 진정한 삶을 누리는 것이 아니다. 삼라만상 모든 것이 다 자기의 환경을 벗어나면 생존이 어려워진다. 우물에 침을 뱉지 말라는 말이다.

돌아서서 영구히 안 볼 것 같아도 돌다보면 인연이라 또 보게 되는 것이 사회생활을 하는 인간에게 주어진 업보다. 성공한 사람들은 실패한 사람들을 보면 이해가 잘 안 되는 경우가 많을 것이다. 그 역시 많은 실패를 해보았지만 성공하고 나면 다 잊어버린다.

 패한 과거를 되돌아보기가 싫은 것이다. 실패한 사람들을 피하는 이유다. 한심하게 느껴지기 때문이다.

가두어 놓고 보는 사람들은 즐거울지 몰라도 갇혀 있는 만상은 괴로운 것이다. 당신이 철창 속에 있다 생각을 해보라. 참으로 즐거울 것인가? 역지사지易地思之인 것이다.

◎ 아무리 많이 안다고 하여도, 무식하기는 마찬가지다.

알아도 모르는 척, 몰라도 모르는 척, 참으로 표현하기가 힘든 사안이다. 이 세상의 모든 지식을 다 섭렵한다는 것은 극히 어렵다. 박사고, 전문가라 해도 한 부분의 상식이 많다는 것이지 온갖 지식을 다 안다는 것은 아니다. 많은 지식 가운데 극히 적은 일부분에 대하여 남보다 먼저, 조금 더 알고 있다는 것뿐이다. 모른다 해도 무조건 모르는 것이 아니다. 그도 자기가 잘 알고 행하는 부분이 있을 것이다. 유식해도 무식한 것이요, 무식해도 유식한 것이다. 서로가 상대를 존중한다는 것이 중요하다.

유식할수록 무식한 것이다.

유식할수록 무식하다? 유식? 무식? 안다는 것이 유식인가? 모른다는 것이 무식인가? 한 분야에 집중하다보면 다른 분야는 점점 문외한이 되어간다. 집중하는 분야는 박사일 줄 모르나, 다른 분야는 동 떨어지다 보니 무식해진다. 체력단련이나, 운동에 관심이 없고 책상에 앉아 시험공부만 하는 사람은? 시험은 잘 볼 줄 모르나 허약한 체력은 ? 재주만 부릴 줄 알지 머릿속에 채운 것이 부족한 사람. 알아야 면장을 하지? 돈을 벌 줄은 알아도 쓸 줄을 모르는 사람. 무식한 놈이다.

생기기만 번듯하고, 쭉 쭉 이고 학식이 부족한 사람, 인성이 망가진 사람. 이 역시 무식한 사람이다. 좋은 자리에 있다고 목에 힘주고 고개 숙일 줄 모르는 사람. 숙이는 법을 모르니 무식이다. 비비는 것은 잘 할 것이다.

이것저것 다방면에 두루 능통하나, 대체적으로 기본적인 사항만 숙지한 사람. 깊이가 있어야 물건을 담지? 이것저것 손대는 것마다 깊이가 있고, 듬직한 사람. 건강도 하고 경륜도 갖춘 사람. 참 고생 많이 한 사람이다. 그러나 가정에서는 낙제점이요, 친화력이 부족해 해결방법을 알면서도 모르니 무식한 사람도 된다. 종교에 미쳐 신만 찾는 사람. 이 신, 저 신 고무신이나 찾는다. 융통성을 모르니 무식한 사람이다. 무식이 극에 달한 사람. 무식이 무엇인지도 모른다. 유식이 극에 달한 사람. 하도 유식하다 보니 다른 이들은 다 개로 보인다. 사람을 개로 보니 진짜 무식한 사람이다. 분별력이 없으니 말이다. 양도, 음도, 중화도 유, 무식을 논하기가 어려운 것이다. 매사 마음을 비우고 항상 비어있는 사람이 실로 유식하고, 무식하고 고루 갖춘 사람이다. 알아도 모르는 것이요, 몰라도 아는 것이다.

◉ 전심일의(專心一意).

마음을 오로지 한 가지 일에만 전념 하는 것을 말
한다. 사람이 유식(有識)하다고 하는 기준은 무엇
일까?

사람이 무식(無識)하다고 하는 기준은 무엇인가?
여러 분야에 대해 해박(該博)한 사람을 우리는 유
식하다 표현한다.

한 방면에 깊은 지식을 가지고 있는 사람은 그 방면(方面)에는 유식할지 몰라
도, 그보다 더 많은 다른 방면에는 모르는 것이 많을 것이다. 이럴 경우 이 사
람은 유식(有識)한가? 아니면 무식(無識)한 것일까? 모른 것이 많은 사람은 무
식한 것이고, 아는 것이 많은 사람은 유식한 것이다. 다만 그것을 판단(判斷)하
는 기준(基準)이 깊이냐? 넓이냐에 따라서 보는 관점(觀點)이 달라진다.

넓 이와, 깊이를 모두 간직하였다면 대단한 학식(學識)을 갖춘 사람이다.
진정으로 유식(有識)한 사람이다. 그러나 문제는 또 있다.

단순한 학술적인 지식이야? 아니면 진정으로 살아있는 지식이요, 처세요, 삶의
질에 대한 윤택한 지식인가도 나올 것이다. 또 조건(條件)을 단다면 많겠지만
이상적(理想的)인 요구일 수도 있다. 거기에 첨언(添言)한다면 얼마나 많은 깨
달음이 있는 가? 중요하다.

◎ 순접, 역접 관계.

잇는 다는 것은 연결하는 것이다. 이에는 순(順)과 역(逆)이 나온다. 앞의 것을 그대로 이어간다면 순리대로 이어가는 것이다. 큰 무리 없이, 별 불편함 없이 흐름을 이어간다.

앞의 것과는 동떨어진 즉 다른 형태로 이어진다면 역이 된다. 역도 정도에 따른 변화는 있을 것이나, 일단 각이 틀려지니 많은 차이가 난다. 정권이 바뀌면 으레 한차례 물갈이가 이루어지는 형태다. 또 바뀌면, 또 바뀌는 것이다. 계속 연속이다.

가 끔씩 바뀌는 것은 좋으나, 그것이 지나치면 항상 시끄럽다. 매사 모든 것이 지나치면 화를 부른다.

바뀌어도 능히 그를 견디는 것들은 항상 있기 마련이다. 이어지고, 바뀌고, 변하여도 항상 견디고 튼튼하게 자리를 자키는 것들도 있다. 이러한 것들이 있음으로 인하여 항상 흐른다. 이어진다는 것은 곧 버티어 지키는 것들이 있다는 것이다. 파도가 심해도 심수는 잔잔하다.

모진 변화나, 흐름에도 자리를 지키는 견고함이
진정한 흐름을 이어간다.

◎ 마음이 비어 있어야 뜻이 들어오고, 생각이 머문다.

양보라는 것도 없고, 배려하는 마음도 없다.

받아들일 마음이 없으면 자리가 없으니 진리가 있을 공간이 없다. 채워도, 채워도 항상 빈 공간을 유지하는 것이 순리요, 진리다. 사악함과 불의는 항상 자리를 넉넉하게 차지한다. 앉는 것이 아니라, 팔다리를 펴고 누워버린다. 그 다음에는 복지부동이다.

궁 이 이어지면 진으로 연결된다. 궁하면 통하는 것이 아니라 진지해진다. 궁하면 변하고, 통한다는 것은 받아들이는 공간이 있을 경우에 해당한다. 공간이 없으니 쪼그라드는 것이요, 말라가는 것이니 존재가 사라진다.

◎ 지나친 과욕과, 탐욕은 사람을 타락시킨다.

사람을 예로써 대하지 않으니, 그 역시 사람이 아니다.

돌인가? 작품인가? 사람의 형상이다. 자연으로 이루어진 것이다. 사람들은 돌이라 지나치나 영상을 찍은 사람의 눈에는 아이들과 어른으로 비쳐지는 것이다. 물론 사람의 형상을 이룬 돌이다. 제주도의 식물원 분수대에서 씩은 섯이나. 돌이 사람으로 보이고, 돌이 돌로 보이는 것이다. 보는 차이다. 결국은 돌을 찍은 것이다. 이끼가 가득한 돌이다. 보고 대하는 것의 차이다.

욕망과 사욕에 사로잡히면 부끄러움이 사라진다. 잡놈이요, 잡년이 된다. 성장과정도 말로 형언하기 어려워진다. 사물을 사람의 눈으로 보지 않는다. 짐승의 안목으로 본다. 일의 전후를 헤아리지 않고 무모한 대시를 행한다. 들이댄다. 작업을 해도 안하무인이다. 기가 막혀 쳐 죽이고 싶을 정도가 된다. 다 내가 행했고 이제는 당하는 일이다. 업이다.

◎ 부족함과 허물로 인하여 많은 고초를 겪음은 아픔이다.

　심신의 고통이요, 지워지지 않는 자국으로 남는다.

무미건조한 삶이 아니라, 파란만장한 삶이다.

은은히 울려 퍼지는 소리가 아니다.

가끔은 굉음에 가까운 소리도 들으며 참고

지내온 삶이다.

애써 일궈놓은 삶이라 더욱 부담스럽다.

때로는 방해를 막기도 하고,

때로는 상대를 등지기도 하고,

때로는 이익을 위하여 독점하기도 하고,

때로는 끊어진 고리를 잇기도 하고,

때로는 바퀴 밑에 깔리는 고통도 견디고,

때로는 사실을 속이기도 하고,

때로는 마음이 한 쪽으로 치우쳐 기울기도 하고,

때로는 원통하여 가슴을 치기도 하고,

때로는 주위를 둘러보고 혼자 울기도 하고,

때로는 할 말이 많아도 하지도 못하면서,

때로는, 때로는 한이 쌓이기도 한 시절이 있었다.

자국이 잔잔하니 흐려있어도 그래도 자국이다.

그래도 눈을 감고 이해하고 가야하는 것이 삶이다.

묘(墓), 묻히는 단계에서의 확인사항.

다. 자기 합리화다.

◎ 시간과 흐름은 되돌릴 수 없다.

사물의 존재를 알리는 것이요, 탄생의 서막이요, 피할 수 없는 과정이다. 무엇을 하든 항상 한 번은 거쳐야 한다. 당연시 하지만 들어서고 한 번 지나고 나면 되돌아 갈 수 없다.

포장을 뜯으면 안에 있는 내용물을 자세히 살펴야 한다. 안에 있는 것을 보든, 안 보든 뜯었다면 누구든 다 그리 생각한다. 어차피 내달린 걸음이다. 전진뿐이다. 시간의 흐름이란 포장을 뜯으면 반품이 안 되는 상품이다. 포장이란 내용물을 확인하기 위해 반드시 뜯어야 하는 수순이다.

적합하다고 여겨진 일이 어그러진다.
큰 일이 지나간 후의 조용함이 다가오는 시기다.

◎ 묵은 것을 새것으로 교체한다.

새로운 것은 활기다.
힘을 충전하고,
기를 발산하는 것이다.

겉만 바꾸는 것이 아니라, 속 안까지 완전히 바꾼다. 사람을 사귀어도 표면적으로만 사귀는 것이 아니라, 진심으로 마음을 열고 사귄다. 존경심을 갖는 것도 신의와 충정으로 예를 갖추는 것이다. 속마음이 다를 경우 언제 배반할지 모른다.

생 김새가 지나치게 추해 보이고, 보는 이가 불쾌감을 느낄 정도로 겉모습이 단정하지 못한 것도 예의에 벗어난다. 안 될 수도, 없어서 바꾸지도 못하는 것이 세상이다. 바꾸고 싶어도 못 바꿀 경우가 생겨도 상대방은 이해하려 하지 않는다. 체면치레에 지나치면 항상 과소비요, 불급현상이 나타난다. 있는 그대로 한다 해도 지나친 겸손이나, 겸양은 오히려 자만이요, 거만으로 비친다. 새 것으로 교체가 안 된다는 것은 아직 당신은 시기가 아니다. 조금 더 커야한다.

◎ 탄생을 위한 작업이다.

지원자는 새처럼 모여 들어도,

구름처럼 흩어지는 형국이다.

꽃의 수정이란? 곤충에 의해서 꽃의 꽃가루가 이동이 되면서 이루어지는 경우가 대다수 이지만, 새에 의하여 이루어지는 경우도 있다. 항상 변수라는 것도 작용한다. 사람이 걸어갈 수 없는 곳은 새처럼 날아가야 한다.

힘들고 어려우면 무엇인가 방법을 찾아야 한다. 일을 처리함에 있어서 나타나는 현상이다. 알면서도 모른 척 하기도 하고, 모르면서 아는 척 하며 사는 것이 인생사다. 상대의 흉은 알아도 발설하지 않고 덮어두기도 하고, 내 자신의 작은 잘못이라도 끄집어내 스스로 용서를 구한다.

대인의 덕목은 상대의 작은 티끌이라도 불편해하면 뽑아 시원하게 해 주는 것이요, 발에 찔려 피가 흐르면 닦아주는 것이 진정한 행함이다. 느슨하고 헐렁헐렁 함은 처신에 절도가 없음이다.

미지근한 물에는 손을 집어넣을 수 있지만, 뜨거운 물에는 아무도 손을 넣지 않는다. 마음이 항상 정의에 불타 뜨거우면 감히 근접하지 못한다.

순리에 항상 불같은 정열이 필요하다. 진정한 군자가 되기 위한 덕목이다.

묘(墓), 묻히는 단계에서의 실천사항.

당한 자는 말이 없고,

다만 입방아에 오를 뿐이다.

죽은 자나 같은 것이다

◎ 모름지기 사람은 필요 없는 존재가 되어서는 안 된다.

사회적으로 지탄받는 행동을 하고서도 자기 합리화를 시키는 행동을 해서는 안 된다. 어느 분야에 속하든 항상 필요한 사람이 되어야 한다. 선거운동을 돕는다고 하다 오히려 선거에 악 영향을 끼치는 것이다. 표 떨어지는 소리가 막 들린다. 돕는다고 한 것이 오히려 일을 망치는 경우가 나타난다. 차라리 아니 감만 못 한 결과다.

자잘한 속임수로 사람들을 현혹하여 악을 행해서는 안 된다. 공금횡령이요, 사기어음 발행이요, 부적절한 관계다. 결국은 지명 수배되어 도망치다 잡히는 것이요, 사회적으로 공개 망신을 당한다. 국외로 출국한다. 근심스럽거나, 걱정이 되는 일은 하지마라. 완장차고 하는 행세 하지마라. 오래 못 간다.

◎ 군자의 덕도 10년이 지나면 변동수가 생긴다.

**10년이 지나면 한 번 씩은
크게 바꾸어야 한다.**

작은 것은 더 크게, 큰 것은 쇠하는 것이고, 쇠하는 것은 바뀌는 것이다. 이것이 순리다. 정권도 10년이면 바뀌는 것이다. 그 이상을 한다면 쇠하는 것이라 녹이 스는 것이다. 녹슬기 전에 대대적인 청소를 하던가, 새로운 정권으로 바꿔야 한다. 바뀌더라도 중고품은 안 된다. 새로운 신품으로 바뀌어야 한다.

시대는 새로운 변화와 흐름을 요구한다. 구시대적인 사고방식과 안이함이 새로운 변화를 가로막는다. 휴대폰이라는 이름이 생소한지가 엊그제 같은데 이제는 스마트 폰으로 바뀌었으니 참으로 변화란 신속하다. 정치란 일꾼이 모여 일하는 곳이다. 위에 군림하는 자리가 아니다. 기본적인 사항조차 잊고 일하는 일꾼들이니 일하는 것이 오죽하리?

정치란 올바른 다스림이지만 다스림이란 순리에 의해 길을 안내하는 것이다. 치(治)란 관리하고, 바로잡고, 수리하는 것이다. 군림하는 것이 아니다.
개념을 상실한 것이다.

◎ 사사로움이 없어야 한다.

청순함 그 자체다.

공적인 일을 하는 사람은 공무에 임할 때 사사로운 감정으로 사사로이 말을 하지 않아야 한다. 눈으로 보아도 공정한 잣대로 재고 보는 것이며, 생각을 해도 그 기준은 사사로움에서 멀리 떨어져 있어야 한다.

어떤 조건, 어떤 이유에서든 사사로움은 절대 개입해서는 안 된다. 자신이 가장 멀리 해야 하는 조건이다. 사사로움이란? 자신이 개인 신분이 아니라는 것이다. 나라 일에 임하는 공정한 자세로 모든 일을 순리대로 처리해야 한다.

가을은 풍요로움으로 인하여 결실의 기쁨으로 마음이 가득 찬다. 모든 것의 결실이 명백하게 나타남에 감사하고, 천지에 고마움을 표시하며 가슴깊이 정겨움을 간직하는 시기다.

생각보다 많아도 행복이요, 아쉬워도 만족해야 한다. 다시 긴 시간을 기다려야 또 시작하는 것이다. 진인사대천명(盡人事待天命)이다.

◎ 위, 아래 앞뒤 사방을 다 막으면 통로가 없다.

사람은 위아래를 막고, 앞을 가리면 다 숨은 줄 안다. 뒤 쪽은 등을 기대면 되는 것이라 크게 신경 쓸 필요 없다. 등을 보이지 말라는 말이 통하지 않는다.

항상 퇴로(退路)는 있어야 한다. 내가 살 구멍을 만들어 놓고 헤쳐 나간다. 당장 급하다고 사방을 막아버리는 우를 범해서는 안 된다.

"급할수록 천천히" 라는 말이 있지만, 막상 닥쳐보면 그런 생각 할 겨를이 없고, 눈앞의 현실을 처리하기 급급하게 된다. 사방을 막지 말고 등이 기댈 수 있는 상황을 만들라는 것이다. 그래도 상대방이 들어올 수 없는 방어다. 숨을 쉴 여유(餘裕), 공간(空間)이 확보 된다.

◎ 힘들고 험난하여도 그곳이 나의 살 곳이 될 수도 있다.

어려움 속에 낙(樂)이 있다. 현실도피 하는 우(愚)를 범하지 말아야 한다. 책임회피 하는 비겁함을 보이지 말아야 한다. 아무리 피하려 해도 순응(順應) 해야 한다. 적응하면 그곳이 낙원(樂園)이다. 막힌 도로도 결국 차도로 변한다. 희망(希望)이다. 어려우면 어려운대로 버텨야 한다. 지루하면 지루한대로 버텨야 한다. 무조건 버티면 답이 나온다. 다 사람 사는 세상이다. 죽는 운이 아니면 다 살아간다. 산 입에 거미줄 안친다.

◎ 춘수모운(春樹暮雲).

봄철의 나무와, 해질 녘의 구름을 말한다. 인생(人生)으로 비교한다면 젊은 시절 열심히 일하고, 목적을 향한 자기의 뜻을 펼치고 웅장함을 포효하나, 노년(老年)에는 구름과 같이 흐름에 덧없음을 아쉬워한다는 것이고, 멀리 있는 친구를 그리워하는 의미다.

오래된 사진 한 장의 추억이다.

제 **4** 장

재기(再起) 편

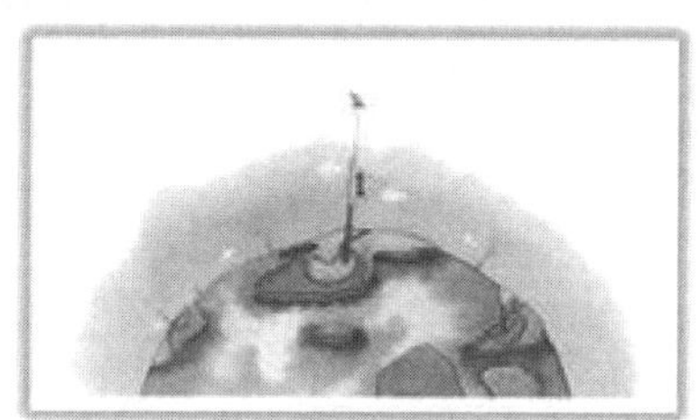

새로 만드는 것 보다,

수리한다는 것이 더 어려운 일이다.

창밖으로 비쳐지는 어지러운 풍경이다.

동(冬)

1△. 열 째 마당.　10월

숙성하는 시기다.
인생은 100세가 아니고, 120세다.
기준에 도달하지 못하고 가는 것이 인생이다. 희망사항이다.
회전이란 두 번을 돌아야 완전히 도는 것이다.

11. 열 한 째 마당.　11월

잉태(孕胎)하는 시기다.
시작한다는 것은 항상 새로운 것이다.
끝도 시작이다. 시작도 끝이다.

12. 열 두 째 마당.　12월

태교(胎敎)하는 시기다.
꿈을 먹고 사는 것이 참다운 청춘이다.
보지도 못한다면, 생각할 수 있다는 즐거움이 있다.

길이 막힌다.

내 뜻도 아니요, 네 뜻도 아니다.

열심히 기도한다.

모든 것을 정리하는 시기다. 오히려 더 바쁜 시기다.

미련, 애착, 애증이 표현되는 시기다.

앞으로의 먼 길이 더 중요하다.

잊혀 진 시간이라지만 다시금 되새기며 분발을 다짐한다.

명이 붙어있는 한, 미래라는 존재는 항상 나를 기다린다.

10. 열 째 마당.

숙성 (熟成)

서로가
그리워하나
이미 때가
늦은 것이다.
다시는
만날 수
없는
이별이다.
각자의 길을
간다.

숫자 10은 완성이다. 임무를 다한 것이다.

결코 죽은 것이라 생각해서는 안 된다.

이제 다시 시작한다.

120세를 향한다. 흩어지는 아픔이다.

한로(寒露)는 찬 이슬이 내리기 시작하고, 가을은 더욱 깊어간다.
한로가 지나면 제비도 강남으로 간다.

상강(霜降)은 서리가 내리기 시작한다.
서둘러 모든 여름농사를 마무리 해야 한다.
모든 일의 마무리가 시작된다.
겨울 농사는 따로 준비해야 한다.
마무리 하면서 한 편으로 다른 일을 시도하는 시기다.
이 시기에 추수가 마무리되는 때이기에 겨울맞이를 시작해야 한다.

숙성(熟成) 단계에서 나타나는 특징.

◎ 암중모색(暗中摸索)이다.

인생은 100세가 아니고, 120세다. 단순한 시간의 개념은 버려야 한다. 인생은 숫자가 아니라고 하지 않는가? 관리를 잘하는 사람이 인생을 즐기는 것이다. 당

신의 지금 시각은 한창인 오후의 시간이다. 오래 산다는 것은 좋은 것이다. 마다 할 사람이 어디 있겠는가? 환경이 좋아지고, 수명이 길어져 오래 사는 것은 좋은데 항상 그렇듯이 호사다마(好事多魔)다. 출산율이 떨어지고 노령 층의 인구가 늘어나다 보니 젊은이들의 일자리도 줄어든다. 고생을 전세대보다 널하고 자란 탓에 힘든 일은 기피하는 현상이 일어나더니 외국인 근로자수가 점점 늘어난다. 이제는 지구촌 시대라며 다문화시대로 변한다. 시대적인 흐름이다.

선거에서도 성향이 확연히 나타난다. 세대별 위식구조도 문제 인 것처럼 보이나 발전적인 측면도 많은 것이다. 사고 자체가 약간은 차이가 나는 것이 당연하다. 발전을 위한 차이다. 나름대로 융화하며 나아가는 것이다. 서로가 공통분모를 찾아 여행을 떠나는 것이다. 암중모색 하면서 말이다.

◎ 위계질서란?

상하의 신뢰와 존중으로 이루어지고, 위로 올라갈수록 끝이 날카로워지면서 예리해진다. 냉엄하고, 무서운 것이다. 결국 끝에는 하나가 존재한다. 시간이 흐르면서 무디어 닳아지면 소리 없이 사라진다.

신하가 군주를 모시듯 하는 시대는 지나갔는데 아직도 그 사고방식은 그대로 남아 정신을 답습하고 있다. 버릴 것은 버려진 상태지만, 오히려 발전적인 사고로 교묘하게 상하간의 예를 자기위주로 이용한다. 자기를 낮추면 격하된 위치로 착각하는 세상이다. 지나치게 낮추면 비굴한 것이지만 본의 아니게 그보다 더한 수모도 겪으면서 사는 것이 세상이다. 돈과 권력이 없으면 당하는 일이다. 마음이 풍요롭고 안정된 위치를 유지하더라도 지속적인 상황이 유지되어야 진정한 행복을 추구한다.

병으로 누워있는 사람을 편해서 쉬는 것으로 착각해서는 안 된다. 때를 못 만나 누워있는 사람도 있다.

외부로 부터의 바람을 차단해야 한다.
햇살이 안 비쳐도 창문이 환해지는 시기다.

◎ 살다보면 힘든 일, 어려운 일이 항상 있게 마련이다.

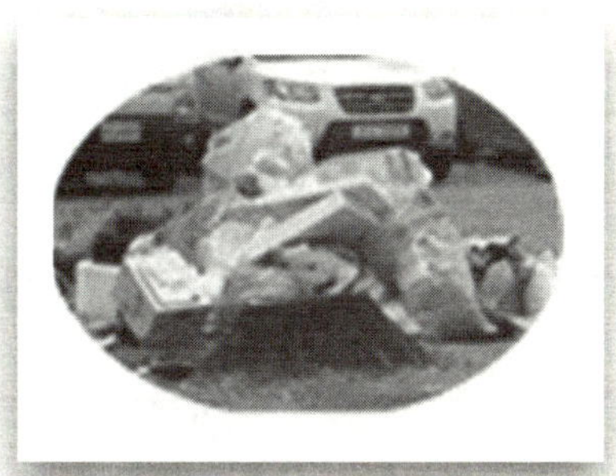

마음속의 모든 고민과,

번뇌에서 벗어나야 한다.

버릴 것은 버려라.

슬기롭게 대처하는 마음이 필요하다. 버릴 것은 빨리 버려야 한다.

자칫 하다가는 스스로 일을 만들어 화를 자초하는 경우가 발생한다.

재수 없어 당하는 일이 생긴다. 누구인들 그런 상황을 상상하겠는가?

◉ 양말 빨기.

보통 양말을 세탁기에 넣거나 빨 경우, 냄새가 나거나 지저분하여 벗은 채로,
아니면 확 뒤집어 벗어 그냥 던져버린다. 무좀이 있거나, 피부질환 기타 청결하
지 못한 상태일 경우 양말을 그냥 빨 경우 그 안 에 남아 있던 각질이라 던 가
바람직하지 못한 다른 요소들이 그냥 존재할 경우, 물론 세탁과정에서 어느 정
도 처리야 되지만 만족할 수준은 아니다. 좀 더 세심하고 청결을 우선으로 생각
한다면 겉과 속을 다 뒤집어가며 털어주고 이물질이 있는가를 확인 한다면 더
욱 깨끗하고, 예방차원의 세탁이 될 것이다. 마음속의 모든 고민과 번뇌도 마찬
가지다. 훌훌 털어버린다면서도 구석구석을 알뜰하게 챙기는 여유가 필요하다.
뒤집어보는 헤아림이 선행되어야 한다.

◎ 평행선은 만나지 못해도, 볼 수는 있다.

기찻길은 항상 평행선이다. 서로가 안전을 유지한다. 평행이 안 되면 아무런 쓸모가 없는 것이다.

어긋나버리면 한 번 부딪히고는 점점 멀어진다. 어긋남 보다는 차라리 평행을 이루는 것이 낫다.

대인관계에서 평행을 이룬다는 것은 서로 같이 공존하는 것이다. 어긋나는 것은 되돌릴 수 없는 영원한 이별이다. 어긋나는 것도 음양이 있다. 벌어지는 것은 양이요, 모아지는 것은 음이다. 양으로 벌어지면 소원하여 지는 것이요, 영영 이별이다. 음으로 모아진다면 결국 부딪히는 것이요, 치유하기 힘든 상처를 남긴다. 한 번의 인과관계라도 중시해야 한다. 서둘러 선을 긋지 말라는 말이다.

한 번 긋고 나면 지울 수 없는 것이 인간의 선이다. 순수하지 못함은 뒤섞임이다. 한 번 뒤섞이면 모든 것이다 엉망이 된다. 선후를 잘해 정리해야 한다. 섞임이란 어수선함이다. 정돈이 어려운 것이요, 설사 한다 해도 많은 시간이 허비된다. 귀한 시간을 헛되이 버리는 것이다.

◎ 희생의 피를 담아 놓은 것을 말한다.

근심이란? 근심을 낳는다. 그 자식 또한 근심의 자손이다. 근심의 변종이 나오려면 몇 대를 흘러야 한다. 슬픔이 도를 넘으면 기가 막혀 웃음이 나오는 것이요, 기쁨이 주체하기 어려워지면 감격해 눈물이 나온다. 음이 극에 달하면 양으로 변하고, 양이 극에 달하면 음으로 화化한다.

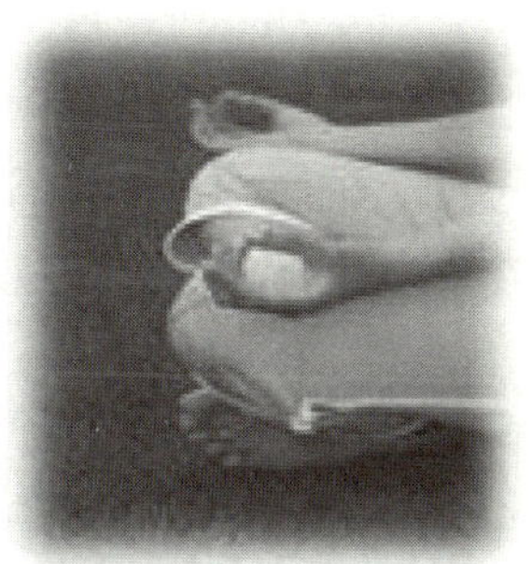

눈물이란? 슬퍼서만 흘리는 것이 아니다. 기뻐서도 흘린다. 일반적인 통념에서 가끔은 벗어나는 것도 생각해 볼 수 있다. 눈물이 보일 때는 기다린다. 동공이 맑아 보일 때까지 말이다. 상대의 슬픔을 이해하는 마음은 기나리는 것이다. 딜래는 깃보다는, 옆에서 같이 슬픔을 같이하는 것이 더 빠르다.

감정이란? 억제하기가 어려운 심신의 강렬한 표현이다. 강압적인 억누름보다는 흘러 기운이 소진하도록 하는 것이 현명하다. 제어할 능력이 있다면 강압적인 것이 효과적이나 미비할 경우는 오히려 역효과를 낸다. 배고픈 사람에게는 밥을 갖다 주는 것이 최선이다.

◎ 짐승이 먹이를 노려,

　　　　몸을 낮추어 이제 곧 덮치려 하는 모양이다.

호사다마라고 잘 나가고 있는데 꼭 중간에 장애물이 나타난다. 고속도로를 달리고 있는데 사고차량으로 인하여 정체가 이어진다. 아까운 시간과 일의 지장을 초래한다. 승진을 하는 차례인데, 돌발적인 변수가 생겨 다른 이가

그 자리를 차지한다. 심하면 고래 싸움에 새우등 터지는 격이 된다.

◎ 직접 볼 때와 안 볼 때의 차이란 큰 것이다.

막상 대면하고 처리하는 것과, 안 보고 처리하는 것의 차이다. 보고받고, 듣고, 상황으로만 짐작하고 처리하는 것과 직접 몸과, 눈으로 체험하고 확인하는 것은 다르다. 확인사살이다.

겉으로 드러난 것과, 속안에 드러나지 않은 부분에는 차이가 없는 경우와, 있는 경우가 있지만 분명 약간의 차이가 있다. 복잡한 차 안에서 자리를 양보해도 진정으로 양보하는 사람도 있고, 마지못해 양보하는 경우도 있다. 심하면 아예 모르는 척 하고 자리를 양보하지 않는다.

숙성熟成 단계에서의 확인 사항 .

기준에 도달하지 못하고 가는 것이 인생이다. 기준을 넘는다는 것은 지나친 희망사항이다.

◎ 순리의 지극함을 다시 한 번 생각한다.

물이란 흐르는 것이 순리다. 사람은 머리 끝 에서부터 발끝까지 흐르는 것이 흐름이다. 상하간의 흐름을 확인한다. 정상적으로 흐름을 이어가는 가? 확인하는 시기다.

흐름이란? 항시 머무르고, 고이면서 썩고 싶어 하는 성정을 갖고 있다. 잠시 잠깐이라도 쉬고 싶어 하는 것이 흐름의 속성이다.

흐름이란 겉으로는 정상적인 것 같아도 항상 밑으로는 가라앉고 썩어 들어간다. 흐름이란 속 까지 잘 살펴야 함이다. 겉만 보고 흐름의 소리에 현혹 되서는 안 된다. 계곡의 잔잔한 물소리도 밤이면 유달리 더 크게 들린다. 낮이나 밤이나 흐른 것은 같은데 왜 조용한 밤에 더 크게 들릴까?

◎ 경쟁이란 다툼이다.

이겨야 인정을 받는다.

다툼이란?

서로간의 우월을 견주는 것인데 심화되면 서로 간에 심한 상처를 주고 씻을 수

없는 치욕과 곤란함을 만들어낸다.

다툼이란? 혼잡하고, 시끄러움을 더욱 극단화 시킨다.

차분함을 찾기가 어려워진다. 서로가 흥분한 상태다.

다툼이란?

같은 울타리 안에서 싸우는 경우도 있고, 울타리 밖에 있는 상대와 싸우기도 한

다. 어느 한 쪽이 기울어야 승패가 갈린다.

다툼이란?

서로가 원망하고, 서로가 무서워하는 것이다.

이긴다 해도 지는 쪽의 한 서린 소리를 들을 것이요,

진다면 증오하며 기가 죽어 보기만 해도 짜증에 두려움이 앞선다.

다툼이란? 서로 간에 이루어지는 불협화음의 메아리다.

들어도, 들어도 지루하기만 하다.

◎ 창窓으로 불길이 나가면 거멓게 그을리게 되므로 검다.

흑과 백을 분명히 해라.
허와 실을 분명히 구분해야 한다.

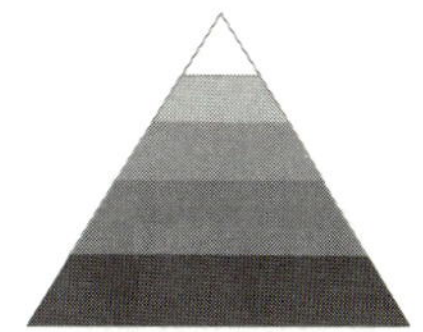

묵묵히 있음은 시인하는 오해를 받는다. 대답을 확실히 해야 한다. 선거전에서 단순하게 생각하고 무 대응, 소극적인 반응으로 실패를 보는 경우가 허다하다. 머리털이 검은 짐승은 거두지 말라는 말이다.

● 고요함은 모독이다.

질문에 대한 묵묵부답인 것이다. 사실을 알면서 말하지 않는 것은 거짓을 말하는 것이나 같다. 묵언의 거짓이다.

면피용이 될 지도 모르는 사안이다. 그러나 중요한 사안에서는 용납이 되지 않는 설명이다. 작은 불씨도 살펴보는 아량이다. 관여하기 귀찮아서 복잡해지는 것이 싫어서, 잠시 한 번 모른 척 하면 될 것을 "긁어 부스럼"으로 치부하는 회피용의 사고다. 적극성과 책임성이다. 흑백, 허와 실을 명확히 해야 한다. 적당히는 통하지 않는다. 굴뚝이 없다면 몰라도 아니 땐 굴뚝에 연기는 나지 않는 법이다.

◎ 서로가 서로를 용서하는 마음이다.

좋은 일은 자주
반복되는 것이 좋으나,
나쁜 일은 거듭된다면
아주 흉(凶)한 것이다.

잘잘못을 따지다보면 잘못한 사람은 없다. 실수를 했을 뿐이다. 서로가 언쟁이 길어진다. 져주는 것이 이기는 것은 아니다. 큰 잘못을 작은 잘못으로 용서하는 아량을 베풀어야 한다. 잊어버리라는 말은 아니다. 입력은 하되 사용은 하지 않는 것이다. 새로 부임하는 상관에 대한 부정한 기록을 입력한 파일을 보관은 하되 사용하지 않는다.

양의 기운이 강하다고 음을 무시하면 양 자체가 허물어진다. 음의 기운이 약하다고 양을 질시하면 음 자체가 흔들린다. 서로가 화해하고 힘을 합하면 전체가 빛난다. 대권에서 누가 되느냐? 가 중요한 것이 아니다. 결정된 후 얼마나 서로를 이해하고 힘을 합하여 조화(調和)를 이루는가? 가 중요하다. 지나온 세월을 보면 이런 조합이 있었는가?

좋은 일은 많을수록 좋은 것이고, 나쁜 일은 반복될수록 흉(凶)하다. 용서와 화합은 뜻은 좋아도 참 이루어지기가 힘든 일이다. 중화(中和)가 중요함이다.

◎ 융통성이 없어진다.

들어갈 때와, 나갈 때를 구분해야 한다.

채우면 출입구가 없어진다.

사방이 막힌 것이다. 아래와 위만 뚫린 것이다. 오로지 이 길 만이 통하는 곳이다. 유일함이다. 질서가 필요하다. 자연 기다림이 미덕이다. 막연한 기다림은 안된다. 자칫하다가는 시간이 길어진다. 상대의 양보가 필요하다. 서로의 묵시적인 양보가 있어야 한다. 일방통행(一方通行)이다. 묘수가 나올 리 없다. 나가다보면 속이 비고, 들어오다 보면 막힌다. 막히다 보면 질식하는 것이다. 아무런 효용가치가 없다. 작은 빈틈이라도 있어야 생명을 유지하고 버틴다. 모든 일이 종지부를 찍는다. 서글픈 현실이다.

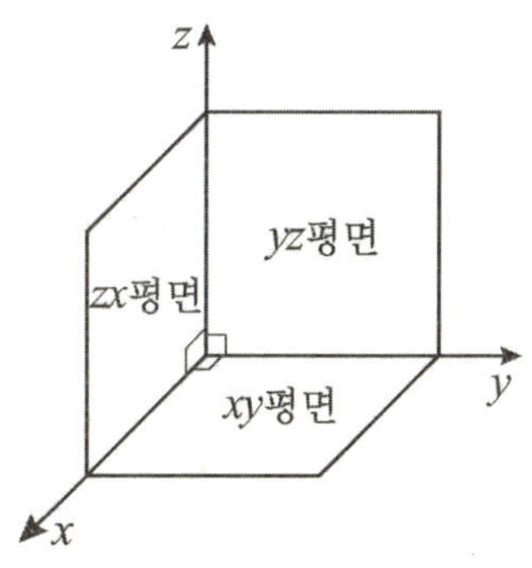

숙성熟成단계에서의 실천 사항 .

회전이란?

두 번을 돌아야 완전히 도는 것이다.

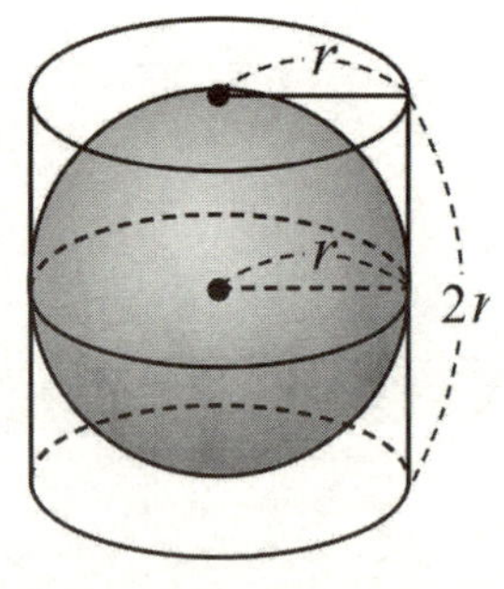

◎ 사람이 무릎 꿇고 가지런히 앉아 있는 모습.

음(陰)과 양(陽)을 합치도록 하는 일이다. 서로가 등을 돌리면 각기 헤어져 존재가 어려워진다. 서로가 같이 있음으로 존재함을 과시한다. 생존(生存)이 걸린 문제다.

항상 염원하는 마음이니, 기원하고 간절히 바라는 마음이다. 생각이 마음을 다지고, 마음이 움직이니, 몸이 움직인다. 정에서 동이 시작된다. 기도하는 자세다. 흐트러진 동작을 가다듬고, 예(禮)를 갖추어 진지함을 보인다. 작은 것 하나에서부터 아름다움이 우러나온다.

스스로 자립(自立)할 정도면 이제는 제 갈 길을 찾아야 한다. 옆에서 도와주기도 하나, 독립(獨立) 할 시기다. 농작물이 다 자랐으면 시기(時期)를 놓치지 말고 시장에 내놓아야 한다. 중간역할이 필요하다. 요즈음은 인터넷으로 직접 판매하기도 한다.

◎ 내가 있어야 할 곳은 먼 곳이 아니다.

바로 지금 이 자리다.

세월이 흐르는 모양이다.

긴 것 같아도 길지 않다.

많은 것을 이루어놓은 것 같아도 결국 하잘 것 없다. 참으로 허망하다. 기대가 크면 실망이 큰 것인가? 흥(興)하는 것도 망(亡)하는 것도 다 순식간이다. 그리 긴 것 같았는데, 이제는 촌음이 아깝다. 그토록 오랜 시간을 돌고 돌았는데 결국 제자리다. 등잔 밑이 어두운 것이다. 나의 주변부터 항상 깨끗이 하라. 뛰어 봐야 벼룩이다. 일찍 포기하는 것도 한 방법이다.

◎ 속세를 떠난 마음이다.

산 신령님의 계시다. 조용한 곳에서 수양을 하는 사람과 같다. 폭풍이 지나가고 난 후의 들판은 썰렁하지만 그래도 바람은 또 부는 것이다. 모든 것이 귀찮아지고 잠시 어디론가 떠나고 싶어진다. 너무 힘들어 정신이 없어도 그렇지만, 모든 사안이 정리가 된 후 잠시 쉬고 싶을 때도 있다. 모든 것을 잊고 말이다.

◎ 눈에 거슬리면 자연 귀찮고, 성가시니 보기가 싫어진다.

없을 때는 아쉽고, 지나치면 쓸데가 없다. 존재란 항상 있음인데, 존재하지 않음은 없음이다.

있을 때 넘치지 않고, 성가시지 않도록 관리를 잘 해야 한다.

없을 때는 아쉬워하고, 용도가 다되면 귀찮다고 고개를 돌리는 것이 세상사다. 많던 적던, 사용을 하던, 안 하던 항상 정리 정돈을 잘하는 것이 앞서는 길이요, 절약이다.

보관이란?

제자리에 잘 두기만 하면 되는 것이 아니다. 녹슬지 않도록 기름을 칠하고, 흐트러지지 않도록 잘 묶어놓고, 가지런히 손질해 화장을 한다. 먼지가 앉지 않도록 포장하고, 재고품이 아니라 신품이라 느껴질 정도로 정성을 다해야 한다. 언제 어느 때 쓰일지 모르는 일이다.

◎ 권권복응[拳拳服膺].

옷깃을 여미고, 손을 움켜쥐고 굳은 결의의 자세를 보인다.

옷깃을 여미는 것은 가슴속 깊이 마음에 새기는 것이요, 주먹을 거듭 반복하여 꽉 쥐는 것은 열과 성의를 다해 정성을 다할 것을 다짐하는 모습이다.

그 다음에는 실천하는 것이다. 부지런히 다듬고 연마하여 목표를 달성하고, 상대를 제압하는 것이요, 다음은 스스로를 다스리는 것이다.

◎ 지천사어[指天射漁].

물 고기를 잡으려는 자가 하늘을 향하여 시위를 당기는 행위다. 고기를 잡으려면 물이 있는 곳으로 가서 그물을 던져야 하는 것인데, 엉뚱하게 하늘을 가리키며 시위를 당겨 화살을 날린다. 연목구어(緣木求魚)이다. 잘못되어도 한참이나 잘못 된 것이다. 구(救)하고자 하는 것에 대한 면밀한 관찰(觀察)과, 행위(行爲)에 대한 방법(方法)의 차이가 현격하다.

도시의 야경은 내일의 밝음을 위함이다.

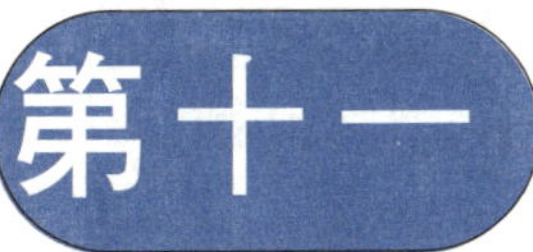

잉태(孕胎)

의기투합이다.

상대의
의중을
알아야,
나의
의중과
비교가
된다.
적을
알아야
적을
이긴다는
원리다.

주경존성(主敬存誠)의 자세가 필요하다.

입동(立冬)

이 기간에는 물이 비로써 얼고, 땅이 처음 얼며,
꿩은 드물고 조개가 잡힌다고 한다.

소설(小雪)

겨울이 들어서면 서 가을의 단풍이 절정을 구가한다.
이 시기는 첫 겨울의 증후가 보여 눈이 내린다는 의미를 지니고 있다.
길고 긴 겨울의 시작이다.

잉태(孕胎) 단계에서 나타나는 특징 .

◎ 상대의 심중을 꽤 뚫는 안목이 필요하다.

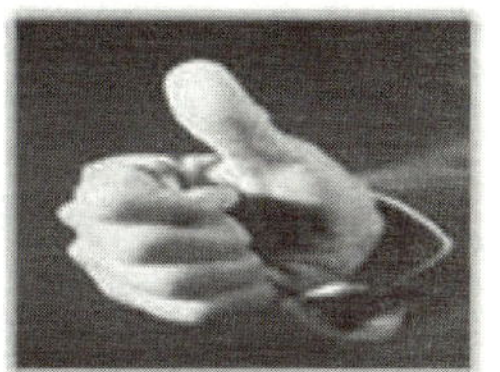

또 다시 꿈이 영그는 것이다.

상대의 의중을 알아야, 나의 의중과 비교가 된다. 적을 알아야 적을 이긴다는 원리다. 상대를 제압할 수 있는 안목이 필요한 것이다. 상대가 자신이 될 수도 있는 일이다. 스스로의 장단점을 알고 대책을 세우는 것은 자신뿐이다. 가까운 주변에 도움을 청할 수도 있다.

가슴이 벅차도록 상대방에게 감동을 주어야 한다. 쉬지 않고 정열에 불타고, 활동적인 면을 보여 주라. 장래에 대한 꿈을 심어주어야 한다. 나만을 위한 것이 아니라 같이 공존한다는 인식을 갖도록 해야 한다. 진실을 보여야 함이다. 먼저 보여주기를 바라지 말고 내가 먼저 보여주어야 한다. 나무의 줄기는 질긴 것 같아도 실상 안에는 항상 연한 부분이 자리를 차지하고 있다. 음과 양의 원리다. 겉이 거칠거나 단단하면 안은 항상 연하기 마련이다. 겉이 연하다면, 안은 자연 단단하다는 생각을 하면 된다.

안과 겉이 다 연하다면 지탱하기 어렵다. 안과 겉이 다 단단하다면 생명체로서 존재 가치가 없다. 이미 수명이 다 한 것이다. 모름지기 일에는 항상 진수라는 것이 있다. 조화를 생각해야 한다. 조화란 음과 양이 섞인 것이다. 그런 다음 변화를 모색하고, 창조가 이루어진다.

◎ 초목이 나고 차츰 자라서 땅위로 나온 모양.

모든 것이 새로운 것이다. 낯설기만 하고 서투르다. 때 묻지 않은 청초함이다. 살아있다는 것에 감사하는 일이다. 탄생은 축복중의 축복이다.

탄생이란? 밖으로의 움직임을 나타내는 것이다. 안에서의 정지 상태가 아니다. 물론 안인 음에서 테두리 안에서 자라는 형상이니 음중의 양인 형태이다. 탄생이란? 이런 음의 울타리를 완전히 벗어나 양의 세계로 나오는 것이다. 탄생의 움직임은 급격하기도 하고, 완만하기도 하고, 크고 작음 , 높고 낮고, 많고 적고, 넓고 좁고, 깊고 얕음, 강하고 약함 등 수많은 비교적인 상태로 나타난다.

나 자신이 탄생의 주체가 될 때는 어찌할 것인가? 완전한 초보의 탄생인가? 시행착오를 거친 후 다시 탄생하는 것인가? 과거는 다르지만 새로이 탄생한다는 자체는 같은 것이다. 과거의 기억은 생각할 수도, 잊을 수도 있다. 자신의 냉정함이 필요한 것이다. 지금의 위치는 탄생이다. 물리적인 탄생도, 인위적인 탄생도, 자연적인 탄생도 된다. 밖으로의 도출. 양의로의 탈바꿈 지향적인 꿈을 안고, 원대한 포부를 갖고 모든 여건을 적절히 활용하여 운용하는 묘를 보여야 한다.

불행한 과거는 되새기지 말아야 한다.
손해를 감수하는 제안을 하는 시기다.

◎ 사물의 겉과, 속은 항상 다르다.

겉만 본다는 것은 깨달음이 적어 안 까지 파악 못하는 것이다. 겉만 보아서는 그 사람의 속뜻을 알 수 없다. 압정의 평평한 윗면과 침이 달린 아랫부분은 확연히 역할이 다르다.

사람은 나름대로 다 각자의 분별력이 있다. 옳을 수도 있고, 틀릴 수도 있다. 상황에 따른 판단도 나온다. 나만의 판단이 옳을 수는 없다. 이기심이나, 고집으로 인한 오판이 많이 나온다. 실패로 가는 지름길이다. 대다수의 의견이 틀리고 나 개인의 의견이 옳을 경우도 나온다. 참으로 답답한 경우다. 시기를 기다려야 한다.

전쟁에서 장수의 판단이 잘못되면 그를 따르는 많은 병사들은 형용할 수 없는 수많은 고초를 겪는다. 모든 것은 안과 속을 엄밀히 구분하고 판단해야 한다. 한 번 큰 실수를 하면 회복하는 것이 쉬운 문제가 아니다. 여유가 있어 버리는 셈 친다면 문제는 다르지만, 대체적으로 넉넉지가 못한 경우가 많다. 사소한 일은 일 년이요, 조금 큰 문제는 십 년이요, 아주 심각할 경우는 평생을 가는 경우도 생긴다. 흐름을 잘 읽어야 하는 것이다.

◎ 티끌모아 태산이다.

그 형성 과정을 알아야 한다.
근본적인 원인을 파악한다.
약발이 떨어지면 끝난다.

하찮은 것 같아도 많이 모여, 모여 무엇인가를 만드는 밑거름이 된다. 큰 것, 많은 것은 지금은 그리되었지만 그 동안의 과정을 생각해야 한다. 보이지 않은 고통과 고뇌를 겉만 보지 말고, 그 속을 알려고 해야 한다.

한 알, 한 알이 모여야 하는데 담을 그릇이 필요하다.
새지 않는 그릇을 준비하고, 보관할 공간도 필요하다.
한 알의 형성이란? 한 알 자체만 보는 것이 아니다.

단순히 모아서만 되는 것이 아니다. 모이도록 해야 하고, 흩어지지 않도록 지속적인 관심과 보살핌이 필요한 것이다. 성공하는 사람과 실패하는 사람의 차이는 간단하다. 그러나 노력과 병행되는 차이점은 엄청나게 크다
조직의 관리는 심신이다. 심신이 편해야 탄탄해진다. 달관하지 못한 조직원들은 재력에 좌우된다.

일일이 승낙을 받고 처리해야 한다.
부끄러움 없이 살려면 체력이 필요한 시기다.

◎ 훌륭한 도리란?

깨달음의 전달이다.

훌륭한 도리와 자상한 가르침이다. 이치에 맞게 모자람이 없이 인의 극치에 다다름이다. 옳은 것은 항상 마땅한 것이니 강건하여 굽힐 수가 없음이다.

◉ 자상한 가르침이란?

마땅함과 마땅하지 않음을 판단하는 것이요, 사리에 정통하고, 피차의 구별이 없고, 시비의 뜻이 없음이요, 지금에 이르기 까지 지극한 정성으로 임하는 것이니 어려움에 도달해도 굽히지 않음이다. 알면 알수록 그 영묘함에 극진함이 더해진다.

◉ 가장 중요한 일이란?

가장 근본적인 것이면서도, 지극히 공평하여 사사로움이 개입되지 않는다. 높은 덕을 갖추고, 착한 일을 하면서, 순리에 부합하는 지극한 충정을 갖추는 것이다.

◎ 신명身命을 다한다함은, 자기의 모든 것을 다한다.

육체와 생명까지도 다한다니 참으로 대단한 결의다. 평상시 내 몸을 돌보는 것은 나 자신 이상 그 누가 더 할 수

도 없는 일이다. 주변에서 사랑하고, 돌보아주고, 지대한 관심으로 열과 성을 다하는 사람이 있다 해도 24시간 내 몸에 있는 것은 자신 뿐 이다. 지치고 힘들어 쓰러져도 옆에 있는 것은 자신이다. 죽어 갈 때도 같이 따라가는 것도 자신이다.

자신에 대해 지나친 관용도 문제지만, 자신에 대한 세밀한 분석이 필요하다. 자신을 뒤돌아보고 자신에 대한 좀 더 확고한 비판도 필요하다. 자신과의 싸움을 회피하지 말아야 한다. 자신과의 싸움에서 진다면 인생이 끝난다. 신명을 다함이 나타나지 않는다. 신명이라 함은 충성스런 자만이 뱉어내는 말이 아니다. 진정 자신을 위하는 사람이 하는 말이다. 스스로의 중요성을 인식하고, 귀함을 아는 것이다.

어느 등산객이 하산을 하고 있었다. 그는 자기가 올라온 등산로 길을 택하지 않고 산 속의 샛길을 골라 내려가고 있었다. 내려가는 길은 참으로 희한하고 색다른 맛을, 기이함을 그에게 안겨 주었다.
아 이런 길도 있었구나! 그는 흡족함과 새로운 경험에 도취되어 더욱 이상한

길을 따라 내려가고 있었다. 한참을 내려가다 보니 사방이 어두워지기 시작하였다. 그 때서야 등산객은 자기가 길을 잘못 들어 해매이고 있는 것을 알았다. 많은 새로운 광경에 잠시 넋을 잃었던 것이었다. 모두가 자기를 반기는 것으로만 착각을 하였던 것이었다.

어느덧 어둠이 깔리고 앞이 잘 안보이기 시작하였다. 한기가 엄습하고, 배고픔이 몸에 다가왔다. 등에 지던 배낭도 벗고 등산객은 내려가는 길을 향하여 길을 재촉하였다. 앞이 보이지가 않으니 빨리 간다는 것은 더욱 어려웠다. 그는 잠시 휴식을 취하면서 생각을 하였다. 아! 내가 어쩌다 이리 되었던가! 산이 험하지 않아 큰 사고 없이 내려갈 것은 같은데 어디인지 구별이 안 되는구나! 배낭은 무겁다고 공연히 버렸네--------

결국 등산객은 어둠속에 묻혀 하루를 산속에서 보내기로 하고 내일을 약속하기로 한다.

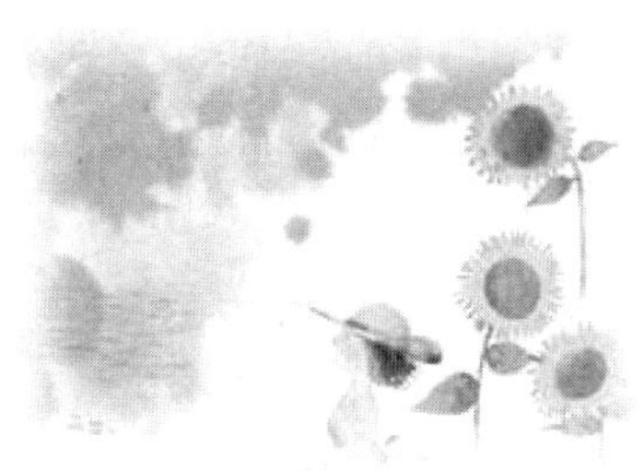

잉태孕胎단계에서의 확인 사항 .

생성한다는 것은

항상 새로운 것이다.

◎ 소원했던 관계를 더 친밀하게,

멀어진 사이를 가깝게도 한다.

악수라는 의미는 서로 간의 인사요, 반갑다는 의미요, 화해요, 잘 해보자는 뜻이요, 격려의 의미요, 또 봅시다. 라는 헤어짐이지만 다음을 약속하는 의미도 있고 기타 여러 의미가 깃들어 있다. 악수는 손을 내미는 것이다. 일종의 근접한다는 의미다. 이것도 구애하는 행위로 보아도 무방하다. 많은 사람들과의 관계, 또는 필요에 의한 관계, 대인 관계 등 많은 인간관계에서 친밀함을 돈독히 유지하는 방법은 무엇일까?

일단은 가까이 다가선다. 멀리 있는 친척보다 가까이 있는 이웃사촌이 낫다. 자주 접하고, 항상 거리를 멀리 하지 않는 것이 최상이다. 가끔은 상투적인 속보이는 행위도 필요하다.

쓸데없는 자존심으로 인해 일이 주춤한다.

남북관계에서 항상 나타나는 일이다.

◎ 그릇의 기본 조건은 속이 비어있어야 한다.

음식을 먹으려면 그릇에 담아 사용을 해야 하는데, 익히기도 하고 때로는 그냥 날 것을 먹기도 하고 먹는 방법도 다양하다. 고체인 상태도 있고, 액체인 상태도 있고 그 형태 또한 다양하다. 음식을 담거나, 익히는 그릇은 흙으로 구운 것도 사용되고, 쇠로, 플라스틱으로 만든 그릇도 사용 된다. 그 외 다양한 재질이 이용된다. 용도나, 목적 등등에 따라 기준이 나타난다. 안에서 사용하는가? 밖에서 사용하는가? 크기는? ----- 우선 공통적인 요소를 보자. 잡히는 부분, 또는 손잡이가 있어야 한다. 이동이 편해야 하므로 그런데 담아야 하므로 항상 공간은 있어야 하는 것이 그릇이다. 차 있으면 버려야 하고, 비어 있으면 채울 수 있다. 또한 놓기 위해서는 그릇에 밑받침이 있어야 한다.(다리, 받침) 당연한 것이다.

상대가 요구하는 부분에 있어서 항상 빈 부분을 채워야 하는 것이다. 내가 갖고 있는 것을 상대의 빈 부분에 채워주는 것이요, 모자라면 어디서 구해서라도 갖다 충족을 시켜주어야 인정을 받는다. 내 것이 바닥이 나면 또 다시 나는 그 빈 부분을 채워야 한다. 그리고 또 내가 갖고 있는 부분을 활용하고 필요로 하는 곳에 적절히 사용하여 비우고, 나는 또 그 빈 부분을 채워야 하는 것이다. 비어 있는 곳이 없는 사람은 나태하고, 생각을 못한다. 채워야 할 부분이 없으므로 말이다. 사람도 그릇과 마찬가지로 항상 비어 있는 부분이 있어야 하는 것이다.

◎ 부귀富貴란 얼음과 같다. 보관을 잘 해야 한다.

구슬이 서 말이라도,

꿰어야 보배다.

눈앞에 놓인 부귀도 내가 관리하지 못하면 내 것이 아니다.

물로 변하여 오히려 흉으로 작용 할 수 있다.

흰 옷에 수를 놓을 때, 선택하는 실의 색에 따라 달라진다.

길한 장소에 입고 갈 옷이 되기도 하고,

흉한 일에 입고 갈 옷이 되기도 한다.

처음에는 같았으나 활용에 따라 용도가 바뀐다.

사람도 마찬가지다.

좋은 환경에서 자라난 아이와 그렇지 않은 환경에서 자란 아이는 후에 성장하면서 많은 차이가 난다. 아무리 감추려 해도 감출 수가 없다.

잉태(孕胎) 단계에서의 실천 사항 .

◎ 사랑을 배우는 것은 말보다 행동이다. 보고 배운다.

한 알의 작은 밀알이다.
보호하고 아끼고 사랑해야 한다. 자식
사랑이다. 나 보다는 낫게 키우고 싶은
부모의 마음이다. 나의 분신(分身)이니
얼마나 고귀하고 사랑스러운가! 아직
은 작은 상태다. 크게 되는 모습을 상
상해본다.

◎ 일이 이제 시작이니 꿈은 원대한 것이다.

알에서 깨어나는 것이다.
솔선수범이 필요하다.
몸이 따라온다.

힘들어도 내가 앞서가야 한다. 장애물도 내
가 먼저 치워야한다. 씹어서 먹이는 헌신의
사랑이다. 매보다 사랑이 앞서야 하는 시기다. 잘못이 있어도 눈을 감아야 하는
시기다. 아직은 모른다. 눈이 있어도 앞을 못보고, 두뇌가 있어도 생각을 못한
다.

◎ 들어오는 만상에 따라 모든 것이 바뀐다.

끝도 시작이요, 시작도 끝이다.

무엇이 자리를 차지할지 모르는 상황이다. 길(吉)이 자리하면 길이요, 흉(凶)이 자리하면 흉으로 변한다. 잠시도 방심하기 어렵다. 자리는 비어있는 상황이다. 그렇다고 막을 수도 없다. 진퇴양란이요, 속수무책이다.

매사가 불확실한 시기다. 장담이란? 예측? 도 어려운 말 못할 시기다. 그냥 기다리자니 안달이난다. 어쩔 수가 없다. 무엇이던 방법이 없다. 가장 기본적인 사항을 점검하라. 특별한 것이 답이 아니다. 가까이 있는 곳에서 답을 찾아라. 사람들은 항상 먼 곳에서 답을 찾으려 한다. 등잔 밑이 항상 어둡다고 하지만 너무 평범한 것 같아 외면한다. 사람을 소우주라 한다. 크나큰 우주와 어찌 비길 것인가? 축소판이다. 삼라만상 모든 것이 항상 같은 원리다.

지천에 널린 것이 약이다. 약도 알아야 약인 것이다. 근처 눈앞에 보이는 뭇 풀과 나무들이 다 약으로 사용되는 것을 아는가? 명약도 그 근본은 아주 간단하고 기초적인 사고에서 나오는 것이다. 온욕을 하고, 찜질을 하고, 뜸질을 하고, 걷기를 하고, 운동을 하고 어디 복잡한 것이 있는가? 숨 쉬는 운동은 생명을 좌우한다. 안하면 죽는 것이다.

◎ 가정家庭의 중요성을 기억한다.

가정(家庭)이란? 화목함을 우선으로 한다. 씨족사회의 가정적(家庭的)인 분위기가 그윽한 상황이다. 한 집안의 식구들이 한 지붕아래 커다란 기둥을 중심으로 하여 둥글게 옹기종기 모여 사이좋게 지내는 풍경을 그린다. 가족의 화합(和合)과, 가정의 위계질서(位階秩序)의 중요성을 강조한 말이다. 가정(家庭)의 주체(主體)는 부부(夫婦)다. 그리고 다음은 자식(子息)들이 구성원이 되어 일가(一家)를 형성한다.

아버지는 양(陽)이요, 어머니는 음(陰)이다. 자식이 탄생(誕生)을 하려면 음과 양의 합(合)이 이루어져야 한다. 교합(交合)인 종족(種族) 번식(繁殖)의 행위가 이루어져야 자손(子孫)이 생기는 것인데, 이때 합이 정상적(正常的)으로 이루어지지가 않으면 즉 임신(姙娠)이 이루어지지 않으며, 설사 합(合)이 이루어진다 해도 양(陽)의 정자(精子)와, 음(陰)의 난자(卵子)에 이상이 있다면 부실(不實)한 자손이 생긴다. 기둥이 부실하고, 지붕이 엉성하면 집이 허술하게 지어지고, 그로인(因)해 발생(發生)하는 곤란한 문제들은 가족인 식구들 전체가 짊어져야 한다. 반대로 모든 것이 양호하면, 그 혜택을 누리며 행복(幸福)을 만끽한다. 일단 기본적(基本的)인 조건은 갖추어야 한다. 음(陰)과 양(陽)은 공존(共存)하고, 공생(共生) 해야 하는 것이 선결(先決)조건(條件)이다.

◎ 일각의 커다란 소중함이다.

일각(一刻)이란?

한 시간(時間)인 60분을 4로 나눈 시간

을 말하는 것이라, 그 첫 번 째 인 15분을 나타낸다. 생각하기에 따라서 길다고

느낄 수가 있고, 짧다고 말 할 수도 있는 시간이다. 보통 매우 짧은 동안의 공

간적인 흐름을 표현하는 수단으로 사용한다.

시간(時間)의 소중하고, 아까움을 천금에 비유한다. 천금(千金)은 내 몸처럼 아

끼고, 소중하게 생각하면서 시간(時干)의 소중함을 경시(輕視)하는 태도를 생각

해 본다.

눈에 보이는 것은 양(陽)이요, 안 보이는 것은 음(陰)이다. 자주 쓰이는 말로 일각여삼추(一刻如三秋)라는 말이 있는데, 가을을 세 번 맞이하

니 삼년(三年)이라는 말이다. 15분이 삼년과 같다는 말이니 기다림의 지루함이

요, 애타는 마음이요, 간절함의 표현이다.

짧은 시간이 그리 길게 느껴진다는 것이다. 긴 것은 양이요, 짧은 것은 음이다.

음(陰)이 양(陽)으로 느껴짐이다. 자칫하면 실수하기 쉽고, 낭패를 보는 것이다.

신중(愼重)함이 필요하다. 눈이 눈의 역할을 제대로 하지 못한다. 입이 입의 구

실을 못하고 음식이나 집어넣는 역할로 끝난다. 집안 구석에 먼지가 쌓인다. 주

변을 청결히 하라.

◎ 하나와 둘의 차이

하늘과 땅은 달라도 결국
하는 일은 같은 것이다.

세상사 둘이 있어야 하는 것이 있고, 하나만이 존재(存在)해야 하는 경우가 있다. 그런데 하나가 있어야 하는데, 둘이 있다. 순리(順理)에 어긋난 것이다.

밥은 한 그릇 인데 먹어야 할 입은 둘이다. 물론 반 반 씩 차례대로 나누어 먹는 방법도 있다. 사람에게 손발은 각각 둘이 있어야지 한 쪽만 있다면 행동에 있어서도 불편하고, 비정상적(非正常的) 이라 불구자(不具者) 소리를 듣는다.

사람이 머리가 둘이라면 어떨까? 기겁을 할 것이다. 뱀의 머리가 둘이라면? 물론 사람을 비유(比喻)하여 나온 말이다. 선장이 둘이니 결론이 잘 나지 않는다. 의견(意見) 일치(一致)를 본다면 이야기는 달라진다. 그러나 지속적(持續的)인 면에서는 결국 다른 방향으로 진전(進展) 된다. 다툼과 분란(紛亂)을 조장하고, 헤어짐을 약속(約束)한다

◎ 일수백확(一樹百穫).

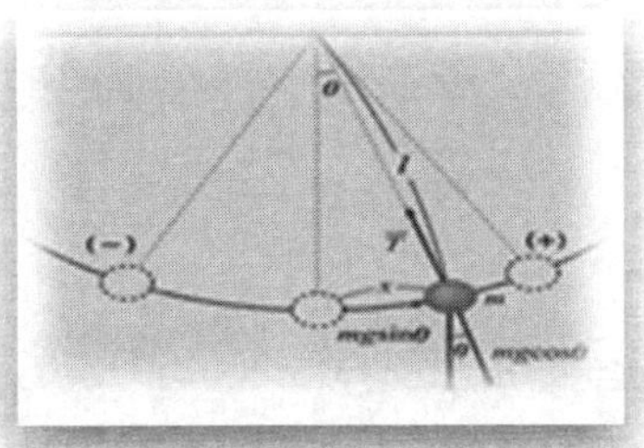

일당백(一當百)이다.

하나를 뿌려 백의 수확을 얻는다.

이처럼 대단한 결과를 얻는다면 누가 마다할 것인가? 한 그루의 나무를 잘 가꾸었더니 백 그루의 몫을 하며 엄청난 수확(收穫)을 얻도록 해 준다.

기업(企業)으로 친다면 막대한 이윤(利潤)을 남기면서 국가의 발전에 크게 이바지 한다. 김연아 선수가 올림픽에서 금메달을 획득하며 국위(國威)선양(宣揚)하는 것이나 진배없다.

물건을 구매(購買)할 때에 판매(販賣)하는 쪽에서 거스름돈이 없다면서 판매행위를 거절을 한다면 어떨까? 아무리 수표나 큰 액수의 돈을 갖고 있어도 소용없다. 상품(商品)에 알맞은 액수의 돈이 필요하다. 100원이필요한데, 단돈 1원이 모자라 99원이 아무 소용이 없다면 1원이라는 액수가 오히려 99원 보다도 더 커다란 효용성을 발휘한다.

그런데 간혹 1원이라는 존재가 자신을 망각한다. 실제로 자기가 99원보다 더 큰 것으로 착각한다. 자신의 존재가 일당백(一當百)의 역할을 한다는 것은 참으로 칭찬받고 격려를 받아 마땅하다. 사촌이 땅을 사면 배가 아프다고 하였던가?

상승분위기에 항상 재(裁)를 끼얹는 사람들이 나타난다. 호사다마(好事多魔)라 하였던가? 정상(頂上)에 오르면 내려갈 일 밖에는 없다. 항상 겸손하고 미래를 대비하는 안목(眼目)이 필요해진다. 정착(定着)하거나, 안주(安住)하려고 하면 반드시 밀려 내려오게 되는 것이 정상(頂上)의 자리다.

어느 정도의긴 시간을 버틸 수는 있어도 오래 있으면 있을수록 화(禍)가 쌓이는 것이다. 정상(頂上)은 스쳐지나가는 길목으로 생각해야 한다.

◎ 시절時節과 시기時期에 따른 일의 분류.

◎ 춘송하현(春誦夏弦).

봄에 하는 일과, 여름에 하는 일을 구분한다. 봄에는 가악의 장을 암송하고, 여름에는 가악을 현으로 연주하는 것을 말하는데, 계절에 따라 적절하게 분야를 정해 활용한다.

꼭 계절적인 일 뿐만이 아니다. 시기에 따라 일의 변화가 필요하다. 진행의 정도에 따라 대응하고 반응하는 적응력이 중요하다. 세발자전거에서 두 발 자전거로 바뀌고, 산악용으로 바뀐다. 어느 사이에 자녀가 그리 자란 것이다. 자신이 늙어가는 것은 생각 못한다. 늙어지면 시간이 빨리 간다고 한다. 그러나 시간의 흐름은 변함이 없다. 자기 할 바를 잊고 허송세월 하는 것이다.

◎ 협력의 중요성이다.

● 고장난명(孤掌難鳴).

손바닥도 마주쳐야 소리가 난다.

마주치는 것은 양이라 소리가 나는 것이요, 마주 잡는 것은 음이라 소리가 안 난다.

상대성(相對性)에 대한 이야기다. 음이 있어야 양이라는 존재가 성립 되고, 인정받는다.

불이란 화기(火氣)를 계속유지하기 위해서는 땔감이 계속 제공이 되어야 한다. 목(木)이란 화(火)를 생한다. 목(木)이 계속 뒷받침 되어야 화(火)란 불이 지속(持續)된다. 목인 나무가 지나치게 많으면 불이 타다 만다. 지나치게 많음이 오히려 화근이 된 것이다.

그런데 목(木)이란 수생목(水生木)하여 항상 수(水)란 존재(存在)가 있어야 목(木)이 자라고 삶이 유지(維持)된다.

공급이 끊겨 목(木)이 홀로 있다고 하자. 수(水)인 물의 공급이 단절(斷絶)이 된 것이다. 목(木)에는 이미 수(水)의 성분(成分)이 남아 있다. 불이란 타다가도 화력(火力)이 약(弱)하면 꺼지기 마련이다. 나무에 불이 붙어도 계속 타기만 하는 것이 아니다. 땔감도 문제이지만 불길인 화력이 약해지지 않아야 한다.

목(木)에는 수(水)라는 성분이 함유되어 항시 불을 끄려는 물의 성분이 나타난다. 그래서 물먹은 나무는 타지 않는다. 물기가 완전히 없어져야 타기 시작한다.

협력도 협력 나름이다.

물기란 완전히 없어지는 것이 아니다. 그 함량(含量)이 적어 제 역할을 못하는 것뿐이다. 마른 나무도 불이 붙었다고 하여 무조건 잘 타는 것만이 아니라는 것은 이를 증명(證明)한다.

화력(火力)이 어느 정도는 그것을 감내하는 능력(能力)이 되어야 한다. 소리를 화(火)로 볼 경우, 손바닥을 맞부딪히는 것이 목(木)이다. 지속적인 부딪힘이 없으면 소리는 안 난다. 합심(合心)을 하지 않는다면, 결과(結果)는 바로 참담하게 나타난다. 연속적(連續的)인 흐름이 이어지지 않으면, 멈춘다.

◎ 추억도 잉태孕胎한다.

가끔은 추억을 만드는 일에 열중해야 한다. 가고 나면 남는 것은 추억이다. 흔적을 만들어야 한다. 잉태에서 그 다음 단계를 생각해야 한다. 잉태라고 가만히 기다리고 있는 것이 아니다. 더 빠듯할 수 있다.

추억도 추억 나름이다. 아름다운 추억을 만들어라.

◎ 진정한 뜻을 되새긴다.

청개구리가 비 올 때 마다
소리 내며 우는 사연이다.

● 피발도선(披髮徒跣).

부모가 돌아가셨을 때 자식이 부족하고, 불효의 죄를 자책하는 의미에서 머리를 풀어헤쳐 산발하고, 버선을 벗고 맨발로 생활하는 행위다. 요즈음으로 본다면 노사분규나, 정치적인 목적, 자신들의 추구하는 의도를 강행하기 위하여 삭발을 하거나, 단식을 행하는 것을 바라보는데 이것은 진정한 피발도선(披髮徒跣)과는 거리가 먼 이야기다. 목적을 달성하기 위한 행위가 아니라, 자신을 더욱 채찍질 하여 반성하고 반성해야 하는 것이다.

묘(墓)자리는 산에 한다. 왜?

◎ 지나간 시간도 부르는 것이 인간이다.

시부재래(時不再來).

시간(時干)이란, 즉 시기(時期)는 한 번 지나가면 다시 오지 않는다. 때의 중요성(重要性)에 대한 각성(覺醒)을 바라는 말이다. 기회(機會)란 여러 번 올 수도 있고, 다시 만들거나, 다가오기도 하지만, 그 시절(時節)이란? 한 번 지나가면 그만이다. 어린 시절, 젊은 시절은 한 번 가면 결코 되돌아오지 않는다. 한 번 늙어지면 다시 청춘(靑春)으로 돌아갈 수 없다. 인생(人生)의 덧없음이요, 시간(時間)은 흐르면 그만이다.

때의 흐름은 잡을 수도 없다. 순리(順理)에 순응(順應)하면서, 그 때 그 때 다가온 시간에 대하여 먼 훗날 후회 없도록 항상 충실(充實)해야 한다. 사람은 누구나 좋은 기회가 항상 오기 마련이다. 다만 그것을 제대로 알지 못하고 지나쳐 버리니 문제인 것이다. 지나고 나서 그 때가 호기였는지도 모르는 사람도 있고, 때늦은 후회를 하는 사람도 있고, 그것보다 더 큰 기회가 올 것이라 믿고 호시탐탐 기회만 노리는 사람도 있고, 결국은 다 기회를 잡지 못하는 사람들인 것이다.

기회란 내가 쉬지 않고 노력하고, 성실하면 절로 잡히는 것이다.

◎ 후회는 후회를 낳는다.

만시지탄(晚時之歎).

때가 지나갔으므로, 때를 놓친 것이다. 기회(機會)를 놓치고, 기회의 시기(時期)가 지나갔음을 탄식(歎息)한다. 여우는 영리한 것 같아도 항상 후회하는 동물이다. 자신의 영리함으로 인해 꾀만 부리기 때문인 것이다. 자기 꾀에 자기가 넘어가는 것이다.

일이 잘 안 풀린다고 명산, 사찰, 기도터,----별 정성을 다 드려도 안 되는 것은 무엇 때문일까? 그래도 기회라는 것이 오는 사람이 있고, 안 오는 사람이 있는 이유는 무엇일까? 기회가 무엇인지 구별을 못하는 것이다. 내가 만들고 준비하는 것도 있는 것이다. 입 벌린다고 다 들어오는 것이 아니다. 쓸데없는 오물이 들어올 수도 있는 것이다.

손이란 아무 때나 내밀고, 벌리는 것이 아니다. 잡힐 듯 잡힐 듯 안 잡히는 것이 기회요, 주어도 못 받는 것 또한 기회이다. 기회란 도망가는 것이 아니다. 앞에 있어도 내가 못 보는 것이요, 생각 없이 지나치기 때문에 잊어버리는 것이다. 시간이 지난 다음 후회하지 않는 사람이 과연 몇이나 될 것인가? 깨닫고, 깨닫고, 깨달음을 갈구하는 이유는 무엇인가?

◎ 버린다는 것도 쉬운 일이 아니다.

손에 흔적이 남는다.

흔적을 두려워 말아야 한다.

● 사생취의(捨生取義).

생(生)이란 탄생(誕生)이요, 삶이요, 목숨과도 같다. 생(生)을 포기(抛棄)하는 것이다. 의(義)즉 의리(義理)를 취한다. 의리(義理)를 존중하고, 목숨도 포기한다. 생명보다도 의리가 앞서는 것이다. 의(義)를 위하여 목숨도 기꺼이 버린다. 현세는 금전만능이다. 심지어는 신체의 일부도 팔아먹는다고 설치는 세상이 되어버렸다. 의리란? 잡배 따위의 신의나 약속 그런 것이 아니다. 정의로움이요, 순리에 따른 이치요, 지켜야 할 법도요, 올곧음의 표상이다. 뒷담화로 이어지는 담합이 아닌 것이다.

다른 면으로 살펴보자. 의(義)란 올바름이요, 평평함이라 기울기가 없는 중용(中庸)이다. 중용을 취한다. 행(行)하니 생(生)이라 삶이다. 살아가는 것이다. 살기 위해서는 내가 디디고 일어서야 하고, 경쟁(競爭)에서 이겨야 하고, 존립(存立)하는 요건(要件)을 갖추어야 한다. 즉 집착(執着)을 버린다. 그리고 평온함을 얻는 것이요, 중용(中庸)의 이치(理致)를 깨닫는다.

개도 지나치게 충성스러우면,

정찰견이나, 탐색견으로는 적합하지가 않다.

탄생(誕生)

희망의 아우성만 들린다.

뚜껑을 열어봐야 안다.

사소한 것이라도 챙겨 놓으면 다 쓸모 있다. 작은 부속 하나가 없어 전체가 작동이 멈추는 상황이다.

민간에서도 동지절식(冬至節食)을 먹었는데,

붉은 팥으로 죽을 쑤어 그 속에

찹쌀로 옹시미 또는 새알심이라는 단자(團子)를 만들어 넣어 먹고,

역귀(疫鬼)를 쫓는다는 의미로 팥죽 국물을 벽이나 문에 뿌렸다.

대설(大雪)

대설은 소설(小雪)과 동지(冬至) 사이에 있는

음력 11월 절기(節氣)로 양력으로는 12월 7일경이다.

눈이 많이 내리는 시기라는 의미이지만

실제 추위의 계절은 동지(冬至)를 지나서부터다.

동지(冬至)

동지는 대설(大雪)과 소한(小寒) 사이에 있는

음력 11월 중기(中氣)로 양력으로는 12월 22일경이다.

동지는 24절기 중에 직접적인 풍습이 가장 많이 있는 기간이다.

태고(胎敎) 단계에서 나타나는 사항 .

기다림의 미덕이다.

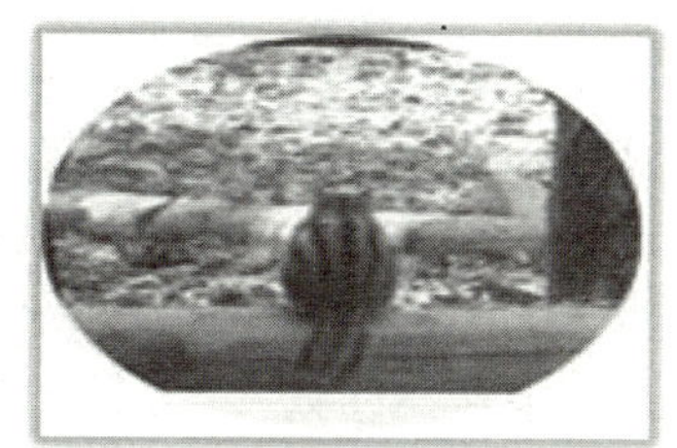

◎ 모양이란 겉으로 나타나는 모든 것을 말한다.

아무리 변하려 해도 모양이 바뀌지 않는다. 사람의 행동을 보면 그 사람의 속을 알 수 있는 이유다. 안의 것이 바뀌어야 겉이 변한다. 일시적인 변화는 바뀌는 것이 아니다. 속임수다. 진실한 변화는 모든 것을 다 바꾼다. 안의 것이란 음이다. 음이 점점 커지면 양을 밀어내고 그 자리를 차지하고, 서서히 양의 기운으로 변화하는 것처럼 안에서의 변화가 이루어지면 자연 겉인 양의 변화가 생긴다. 안의 것인 음이 변화하지 않으면, 절대로 겉인 양은 변화하지 않는다. 겉의 것은 아무리 변화해도 겉일 뿐이다.

겉인 양이 변하면, 당연히 안인 음도 변하는데 겉인 양이 사라지면 음이 양으로 변한다. 인간사에서 겉이 다 없어진다는 것은 명줄이 끊어지는 것이다. 인간사에서 음인 안의 것, 생각이나 다짐의 변화가 확고하여야 겉인 양이 변하므로 한쪽만을 논하는 것이다. 진정한 변화는 속의 변화가 있어야 한다. 그 다음이 겉의 변화다. 겉만 화려함을 책망하는 이유다.

◎ 아무리 정성을 다해도, 가슴에 와 닿지 않는다.

끈질긴 생명력과
인내가 필요하다.

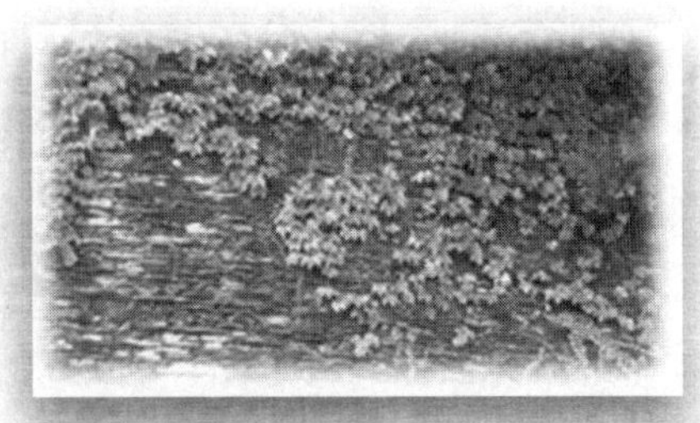

자식을 훈육할 때는 먹고, 입고, 재우는 것만이 훈육이 아니다. 진정한 것은 정신적으로 마음으로 느끼는 사랑과, 보살핌과, 가르침이 있어야 한다.

지성으로 상대방을 위하여 일을 할 때는 알아주기를 바라기 위해 하는 것이 아니다. 중요한 것은 그것이 나 자신을 위하는 일이 아니다. 알아준다면 만족은 참으로 클 것이다. 상하가 협력이 되고 상생하는 길이다. 이것이 이루어지지 않는다면 생각지 않은 난관에 부딪히면 서로가 얼굴을 붉히는 일이 발생한다. 서운한 감정이 싹튼다.

하찮은 존재로 취급을 받으면 아무리 정성을 다하고 혼신의 노력을 기울여도 많은 성과가 있다 해도 제대로 인정받지 못한다. 내 자신이 어떤 위치에 있는 가? 가끔 확인하는 것도 나 자신을 위한 일이다. 상대방을 위한 헌신이지만 그것이 절로 나 자신을 위한 일도 되는 것이다. 문제는 나 자신을 위한 희생이 아니라 상대방을 위한 희생이지만 나 자신을 위한 일도 된다는 것이다. 다만 본인은 그것을 생각하지 못한 다는 것이다.

◎ 바람은 지나가는 것이다.

물결이 일어도 잠시다.

다시 잔잔해 지는 것이다.

감정이 흔들리지 않는 고요함을 항상 간직한다. 진정한 용기란? 변화에 동요하지 않고 자신의 주체성을 지키는 것이다. 무수한 돌팔매에도 옳다고 생각되면 뜻을 굽히지 않는다. 진행할 수 없다면 돌다리라도 되어야 한다. 앞서거니, 뒤서거니, 머리에 감투를 썼다, 벗었다 하는 것이 아니다.

던져지면 상대방이 맞는다. 맞으면 서로가 아픔을 느끼는 것이니 피해의 슬픔을, 가해의 고통을 느낀다. 서로가 중심을 잡고 감정이 일어나지 않도록 하는 것이 우선이다. 심하게 부는 역풍을 막는 방법이다.

일의 진행에 있어 최소의 인원으로 최대의 효과를 거두는 시기다.

인원이 넘치면 한가로움을 즐기는 사람이 생기기 마련이다.

◎ 사소한 것 같고, 별 볼일이 없을 것 같은 사물도
잘 보관하고 관리하다 보면 언제인가는 다 쓸모 있다.

명약이란?
귀한 약초만이 아니다.
들풀도 알면 약초 인 것이다.

사람도 마찬가지다. 능력 없고, 공부도 못하고, 못생긴 친구가 많은 세월이 흐른 후 보니 성공한 친구들도 있지 않은가? 버릴 것을 보관하라는 말이 아니다. 뿌리란 깊고, 넓을수록 좋다. 겉으로는 보이지 않지만 속에 감추어진 그 힘은 굳은 절개로 나타난다.

사람이란 모름지기 속으로는 항상 경고하고 듬직함을 간직해야 하고, 겉으로는 신뢰와 치밀함이 나타나야 믿음을 얻는다. 못생겨도 실하면 다 제 밥값은 한다. 건강을 살펴라.

조목조목 살피고, 관리하는 시기다.
연못속의 고기를 찾는 시기다.

태교(胎教) 단계 에서의 확인 사항 .

◎ 각오란 항시 새로운 것이다.

꿈을 먹고 사는 것이

참다운 청춘이다.

◎ 다 부질없는 일이다.

안검상시(按劍相視)다.

칼을 어루만지며 상대방의 기색(氣色)을 살펴보는 행위다.

칼을 만지며 상대방을 응시(凝視)한다는 것은 적의(敵意)를 품은 것이다. 칼을
간다. 서로가 대립(對立)하는 형상이다.

원수(怨讐)의 사이같이 심하게 노려본다. 적의를 품는 것은 스스로를 갉
아먹는 행위다. 한없이 허전하고 배가 고프다. 악의를 품지 말고, 선의
를 품어야 한다.

언중유골이다. 말에는 다 사사로움이 있는 것이다.

가까이 있는 사람들의 말을 그대로 믿지 못하는 시기다.

◎ 자기를 반성하고, 자신을 의식한다.

스스로 자기가 한 일에 대한 미흡함을 느끼니 더욱 분발하고, 노력하여 개달음을 얻는다. 남이 아무리 자신에 대한 평가를 잘 한다 해도 내 스스로 자신에 대한 판단을 내리는 것만 못 하다. 스스로 진퇴를 결정하고, 양심에 부끄럽지 않은 행동을 해야 한다. 모든 것에 스스로를 경계하며 언행이 일치하도록 해야 하고, 자신을 되돌아보고 반성하는 시기다. 자신의 허물은 스스로 합리화하는 경향이 강하다. 거울을 들여다보면 가까이서 보는 것이다. 멀리서 본다면 작게 보이고 자신과 같지 않아 보인다. 가까이 보면 볼수록 자신의 모습이 흉하고 추함을 알게 된다. 자신을 스스로 못났다고 생각하는 사람은 적다. 스스로 즐기고, 만족하고, 쾌감을 느낀다. 모든 것은 결국 자신이 잘나서 이룬 것으로 착각한다. 물론 자신이 움직여서 이루어진 것은 사실이다. 자기 자신을 스스로 속이는 행위는 하지 말아야 한다.

◎ 서로를 이끌어주는 여행이다.

당신이 흐르는 물이 되어 준다면, 나는 기꺼이 승천하는 용이 될 것이요. 당신, 경험이 부족하여 망설일 때,나는 기꺼이 노련함을 앞세워 달릴 것이요.
당신이 기력이 쇠하여 쉬고 있을 때, 나는 기꺼이 패기를 앞세워 돌진하는 바퀴가 될 것이요.

태교(胎敎) 단계에서의 실천 사항 .

◎ 희망이란 무성함이다. 고요함을 간직한 것이다.

풍요 전의 상태이다. 신선함을 알린다. 때 묻지 않은 청순함이다. 많이 갖고 간직할수록 좋다. 서리와 눈과 같아 깨끗하고 조용히 온다. 사랑과 애정 어린 눈길과 같다. 품어주고 베푸는 진실어린 마음의 풍차를 돌리는 것이다.

◎ 사람의 심신이란? 혼백(魂魄)이 나가지 않도록 한다.

심心이란? 정신을 말하는데 이를 주관하는 것, 혼魂이다. 신身이란? 육체적인 사항을 말하는데 이를 주관하는 것을 백魄이라 한다. 정상적인 사람이라면 혼백이 원만하여 생장을 정상적으로 주관해야 한다. 가끔은 어느 한 쪽이 균형을 잃어 흔들리는 모습을 나타내는 것이 인간이다.

심과 신은 서로간의 숙주와도 같은 관계이다. 몸이 건강해야 생각도 온전하듯, 정신이 올바르지 못하면 자연 몸도 상하기 마련이다. 마음이 풍요롭다함은 심신이 건강하여 만물을 대해도 긍정적이고, 마인드도 긍정적이라 매사 일처리도 자연 순리에 맞게 흘러가는 것이다. 태교단계에서는 이런 기운이 최상에 도달하는 경우가 많아 환경자체도 좋은 분위기를 조성한다.

◎ 지천위서(指天爲誓).

하늘에 맹세를 한다.

약속 가운데서 가장 존엄하고,

최상의 누구나 공감하고,

그 정도면 하고 믿음을 주는 단계다.

◎ 배달직입(排闥直入).

문을 밀어제치고, 안으로 들어가는 형상.

달(闥)이란 문의 안쪽을 말하는데 다른 의미(意味)로는 문안의 문이라, 작은 문을 이야기 한다. 큰 집에 들어갈라치면 대문을 열고 들어가도, 또 그 안에 작은 문이 있는 경우가 있는데, 그 작은 문이다. 개인적(個人的)인 용도(用度)가 짙은 곳으로 주인(主人)의 허락을 받는다던가, 사용자의 허락(許諾)을 받아 들어가는 것이 예의(禮義)다. 밀어제치고 안으로 들어 간다함은 주인의 허락을 안 받았다는 것이다. 매우 잘못된 행동이다. 태교단계에서는 굳이 나무라는 일이 별로 없다. 주변이 모두가 순응을 해주는 형상이다. 버릇없는 행동, 무리한 요구도 가능하면 다 들어주는 시기다. 제일 행복한 시기다. 모두가 기원을 하고 안위를 걱정해주니 얼마나 좋은가? 모두의 축복을 받는 시기다. 잘 잘못을 논하지 않으니 얼마나 좋은가? 오직 건강하게 버티면 되는 것이다.

◎ 알면서도 고치지 못하는 버릇.

얼어붙은 남북관계와 같은 것이다.

◉ 사근취원(捨近取遠).

가까이 있는 것은 버리고, 먼 곳에 있는 것을 취한다. 욕심(慾心)이 지나친 것이다. 가까이 있는 것은 이미 나의 것으로, 영원한 소유물인양 착각(錯覺)하고 있다. 탐욕(貪慾)으로 먼 곳에 있는 것도 나의 것으로 만들기 위해 또다시 손을 뻗는다.

일을 처리하는 경우로 본다면, 먼저 해야 할 일 즉, 바로 처리할 수 있는 일도 하지 않고, 나중에 해야 할 일, 시간(時間)이 많이 걸릴 수 있는 일을 먼저 처리하려 한다. 음식을 냉동고에 넣었다가 꺼낼 경우, 표면은 시간이 잠시 지나면 어느 정도는 쉽게 녹아서 떨어져 나간다. 점점 안으로 들어가거나, 아래로 내려 갈 경우 생각만큼 잘 분리되지가 않는다.

왜 일까? 수분이 응결하여 있기 때문이다. 표면은 긴 시간이 아니라도 외부 공기와의 접촉으로 인해 해동이 빠르지만 접촉이 별로 이루어지지 않는 속이나. 아래쪽은 수분이 항상 존재하여 얼어있는 부분이 많다.

남북관계도 마찬가지다. 일단 만남이 이루어지면 무엇인가 금방 이루어지는 것처럼 언론에서는 난리다. 물론 직업상 그렇겠지만---어느 정도 시간이 흐르면 냉랭해진다. 냉철해지는 것이다. 서로간의 타협점이 시간이 걸리는 것이다. 왜? 근본적으로 속은 심하게 얼어있기 때문이다. 양은 겉이다. 음은 안 이고, 음양의 원리이다. 화끈하게 뜨겁게 만나도 길어지면 시간이 걸리는 것이다.

가까이 있는 당장 급한 사안부터 논하는 것이 순리다. 장기적인 사안의 논의는 천천히 하는 것이 사근취원을 버리는 것이다. 가까이 있는 것은 잘 보이지만, 멀리 있는 것은 잘 안 보인다. 겉은 보여도, 속은 안 보인다. 보지 못한다면, 생각할 수 있다는 즐거움이 있다. 처음 잉태되고 형성되는 과정에서의 순리다. 아들일까? 딸일까? 그러나 몇 달만 지나면 초음파 검사로 알 수 있다. 구별 할 수가 있다는 말이다. 그것으로 끝나는 것일까? 앞으로 닥칠 일은 무수히 많은 것이다. 이제 시작하려고 준비하는 것이다. 무엇을 어떻게 할 것인가? 대책은? 계획은? 당장의 구별이 문제가 인다. 더 긴 안목으로 보아야 한다.

시기적으로 12월은 한 해가 끝나는 시점이지만 다가올 새해에 대한 벅찬 감정이 혼합되는 시기라 임기 말의 누수현상이 나오는 것이나 같다. 혼란한 틈을 이용하는 경우도 많다. 기대치를 이용하는 것이요, 가능성을 이용하는 것이다. 혼란하고, 고민이 많을 대 일수록 침착함이 요구되는 시점이기도 하다.

◎ 어느 하나라도 일이 쉽게 이루어지는 것은 없다.

하 나 하나의 작은 정성들이 모여서 큰 뜻을 이룬다.

처음의 시작 과정 에서부터 중간 과정, 결과가 성립되기 까지 많은 절차를 거치고 수정되고, 반복되고, 시행착오를 겪으면서 하나의 결과를 도출한다. 사물이 형성되는 과정도 마찬가지다. 세상사 모든 것이 쉽게 간단히 이루어지는 것은 아니다. 땀과, 노력의 결정체이다.

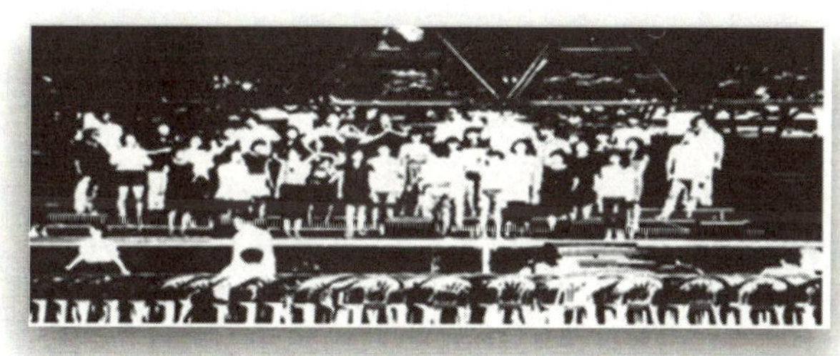

한 번의 알찬 공연을 위해서

많은 이들이 "리허설" 이라는 과정을 거친다.

◎ 작은 일이던, 큰일이든

중심이 확실해야 흔들리지 않는다.

중심을 둘러싸면서 영역을 넓혀간다.
구심점이 중추적인 역할을 하려고 좌우, 상하의
조화를 형성하며 깨끗한 모양을 이루어야 한다.

군신간의 형태는 삼각형의 형상이 가장 아름답다.하찮은 존재라도 다 필요하다.
티끌도 때로는 필요하다. 태산이란 자체도 티끌부터 시작한다. 시간의 완급조절
을 하면서, 각 부분별로 연결하면서 종국에는 작품으로 하나가 이루어진다. 티
끌도 티끌 나름. 보는 기준에 따라 달라진다.

◎ 장문유장(將門有將).

장군의 집안에서는 장군이 나온다.
행동적(行動的)교감(交感)에 의한 가정교
육(家庭敎育)이다. 춘천에 있는 박사마을
은 박사가 많이 배출된다고 한다. 현재, 앞으로는 어떨지는 모르는 일이나 환경
의 중요성을 말한다.
집안에서 어려서부터 보고, 듣고, 배우는 것이 자신도 모르는 사이에 몸에 밴다.
일종의 자기 최면이다.

◎ 전심일의(專心一意).

마음을 오로지
한 가지 일에만 전념한다.

사람이 유식(有識)하다고 하는 기준은 무엇일까?

사람이 무식(無識)하다고 하는 기준은 무엇인가?

여러 분야에 대하여 해박(該博)한 사람을 우리는 유식하다는 표현을 한다. 한 방면에 깊은 지식을 가지고 있는 사람은 그 방면(方面)에는 유식할지 몰라도, 그보다 더 많은 다른 방면에는 모르는 것이 많을 것이다. 이럴 경우 이 사람은 유식(有識)한가? 아니면 무식(無識)한 것일까?

모른 것이 많은 사람은 무식한 것이고, 아는 것이 많은 사람은 유식한 것이다. 다만 그것을 판단(判斷)하는 기준(基準)이 깊이냐? 넓이냐에 따라 보는 관점(觀點)이 달라진다.

넓이와, 깊이를 모두 간직하였다면 대단한 학식(學識)을 갖춘 사람이다. 진정으로 유식(有識)한 사람이다. 그러나 문제는 또 있다. 단순한 학술적인 지식이야? 아니면 진정으로 살아있는 지식이요, 처세요, 삶의 질에 대한 윤택한 지식인가도 나올 것이다. 또 조건(條件)을 단다면 많겠지만 이상적(理想的)인 요구일 수도 있다. 거기에 첨언(添言)한다면 얼마나 많은 깨달음이 있는가? 가 중요하다.

◎ 소심근신(小心謹愼).

조심하고, 삼가며 하찮은 일에도 항상 주의와

조심을 게을리 하지 않는다. 지나치게 조심성이

많으면 소심(小心)하다는 말을 하는데, 간이 "벼룩의 간"만하다는 말을 한다. 공
든 탑이 무너지는 경우가 있다. 드문 경우지만 불의의 사고가 있을 수도 있다.
항상 조심하고, 조심하라는 것이다.

◎ 소불여의(小不如意).

뜻이란? 바라는 것이 크든, 작든 이루어지기를 바라는 마음에서 우러나오는 것
이다. 그런데 그것이 이루어짐이 없이 지나가 버린다면 실망失望은 참으로 클
것이다. 어느 정도 이루어지고, 어느 정도는 안 이루어져도 속상하고 애타는 일
인데, 아주 작은 부분마저도 이루어지지 않고 전혀 반응이 없는 경우다. 용의자
를 심문 하는데 묵비권을 행사하는 것이나 같다. 이미 범죄가 드러난 경우는 어
차피 말하게 될 것이지만, 아직 혐의만 있을 뿐 별다른 용의점이나, 범죄 사실
이 드러나지 않았을 경우는 답답하기 그지없는 일이다.

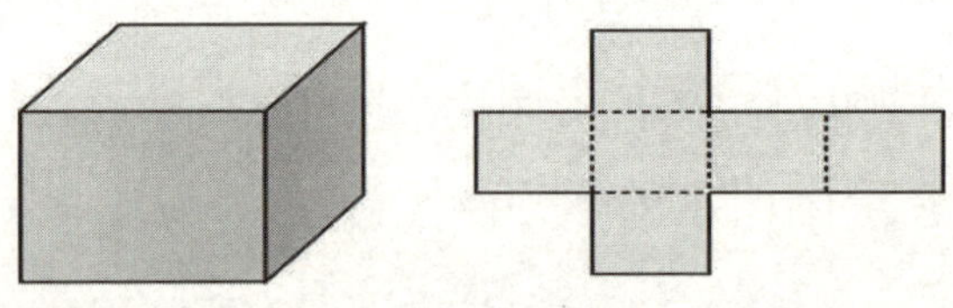

펼쳐보고 맞춰보고 다방면으로 찾아야 하는 시기다.

◎ 척산촌수(尺山寸水).

척(尺)이란?

자 척(尺)이다. 길이의 단위다.

10촌(寸)을 한 단위로 한다.

10촌(寸)=1척(尺) 이다.

높은 곳에서 내려다보면 산수(山水)가 작게 보인다.

사람들이 왜 산에 올라가기를 좋아할까? 특히 정상(頂上)에 악착같이 오르려할까? 많은 이유(理由) 중 하나는, 보이는 모든 것이 다 내 발아래에 있다는 통쾌감을 느낀다.

정상(頂上)에서 내려다보면, 실물(實物)보다 모든 것이 작아 보인다. 극히 당연한 결과인데도, 순간적으로 착각하고 몽롱한 순간을 보내는 것이다. 사람이 권력을 잡거나, 어느 분야 던 정상(頂上)에 오르면 우쭐해 아랫사람을 우습게보고, 하수인(下手人)으로 보는 안목(眼目)이 생긴다. 높은 자리에 오르니 자연 전부가 작게 보인다.

실제는 작은 것이 아닌데 자리가 높다 보니 그리 보인다. 착시(錯視)현상도 아니다. 멀리 보이는 것은 작게 보이는 것이 당연하다. 가까이 가면 갈수록 실물의 크기 그대로 보인다. 결론은 정상(頂上)에 올라 너무 멀리서만 바라보기 때문이다. 가까이 다가서지 않았기 때문이다. 정상(頂上)에 오르면 밑까지 살피는데 걸리는 시간이 너무 길어진다. 보다 정확히 살피려면 정상에서 내려와야 하는 것인데 자리가 공석이 된다.

정상의 자리를 내놓아야 한다. 그것이 싫어서 알면서도 살피지 않는다. 보고를 받던가, 그 외의 다른 방법을 동원해 알아보는 것이다. 다시 정상(頂上)에 오르려면, 또다시 힘든 역경(逆境)의 시간을 보내야 한다. 지긋지긋한 것이다. 집착이 더 강해진다.

권좌(權座)에 오르면 누구나 내려가기를 싫어하고 아쉬워하고, 주변(周邊)의 사람들도 그 단 맛에 취하여 정신(精神)을 잃는다. 판단력(判斷力)이 흐려진다. 실질적으로 무르 익어가는 시간이다. 탄생하기 위한 절정의 시간이다. 아무도 방해하는 사람이 없다. 오직 나오기만을 기다리는 환경이다. 대대적인 환영인파가 기다리고 있다.

아직 꿈에서 깨지 못한 단점이 있다. 세상의 뜨거운 맛을 모르는 것이다. 알 수가 없다. 다 겪어보아야 안다. 자식들이 늙고 병들어야 아는 부모의 마음이다.

◎ 존신홀물(尊身忽物).

자신의 몸만을 소중히 지나치게 아끼고 몸을 사리는 경우에 사용한다. 자기 몸만 중요하지 다른 외물(外物)은 소홀히 한다.

◎ 국천척지(跼天蹐地).

하늘에 부딪힐세라 등을 구부리고, 땅이 꺼질세라 발소리를 죽여 살금살금 걸음을 디디는 모습. "음매, 기죽어!"다

사람은 인(人)이라 하여 하늘인 천(天)과, 땅인 지(地)사이에 존재(存在)하는 것이다. 삼재(三才)라 하여 천지인(天地人)인데 인(人)이 천(天)과, 지(地) 사이에서 편안히 거동(擧動)을 못하니 안주(安住)할 곳이 없음이라, 자신의 치지(處地)가 옹색함이다.

진정한 참뜻은 하늘을 우러르고, 땅을 존중하라는 말도 되지만 하늘 무섭고, 땅 어려운줄 알고, 고마운 줄 알라는 말인데, 한 번 더 나간다면 세상이 다 무서운 것이니 순리대로 살라는 뜻도 된다.

가장이 가정에서 대우를 못 받고, 처자식에게 눈치를 받는다면 그 처자식은 나중에 며느리나, 자기 자식들에게 또한 버림을 받는 것이다. 그것이 세상사 법도인 것이요, 팔자요, 윤회다.

태어나기 전 나는 누구로 인해, 왜? 어떻게? 누구 덕에 태어나는 가? 누구를 희생시키며 고생을 시키면서 나가야 하는가? 과연 나는 나가도 괜찮은가? 길인가? 흉인가? 행인가? 불행인가? 고민을 할 능력이 안 된다. 무조건적으로 태어나는 것이다. 그러나 그것은 아니다. 이미 출생을 몸으로 경험하고, 실패도 하고 또, 다시 출생하는 것이다. 고민 할 것이 많은 것이다. 출생 자체만을 생각하고 덤벙거려서는 안 된다. 많은 고민을 해야 한다. 고민을, 사회초년생이란 기분을 버려라. 다시 재도전인 것이다.

광기어린 행동은 자신을 몰입시킨다. 모두 다 잊어버리는 시간이다.
오직! 그것이 위험한 것이다. 자신만을 생각하는 것이다.

◎ 옥오지애(屋烏之愛).

"마누라가 사랑스럽고, 어여쁘면 처가 말뚝 보고도 절을 한다." 했다. 사랑하는 사람이 생기면, 그 집의 지붕위에 앉은 까마귀도 예뻐 보이고, 귀여워 보인다. 제비만 박의 씨를 물어다주는 것이 아니란다.

사랑의 콩깍지가 눈에 씌면 추한 사람도 예뻐 보인다. 가문(家門)도, 부모(父母)도, 형제도 일시적으로 안 보인다. 뿌연 막이 걷히고 나면 그때서야 정신이 버쩍 든다. 능력이 없으면 구박 받는다. 사랑으로만 사는 것이 아니다. 황혼이혼이 당연하다는 세상이다. 항상 건강을 챙겨라.

사업을 시작하면 망하는 경우부터 가상해야 한다. 누구나 성공을 목적으로 한다. 그러나 대다수는 많은 우여곡절을 겪는다. 준비에 준비를 거듭해도 늦지 않다. 누구나 다 아는 상항이지만, 가장 기본적인 것이 가장 어려운 것이고, 그것이 지름길이다.

등잔 밑이 어두운 것이 아니다. 등잔 밑에서 보면 주변이 너무나 밝다. 어두운 것만 생각하지 말고 그 곳에서 많은 것을 편하게 보라는 것이다. 더 이상 주변에는 어두운 곳이 없다. 그 곳에서 볼 줄만 안다면 당신은 항상 성공하는 사람이요, 음양을 다 판단하는 사람이다.

사람들은 양만을 추구한다. 음을 추구한다면 정신 나간 사람이라 할 것이다. 음이란 진정한 양을 가르쳐주는 곳이다. 멀고 먼 길을 돌아가지 말고, 편안히 다 가서서 지름길을 가라.

◎호사다마1)好事多魔다.

양(陽)속에도 음(陰)과,

양(陽)이 있고,

음(陰) 속에도

양(陽)과 음(陰)이 있다.

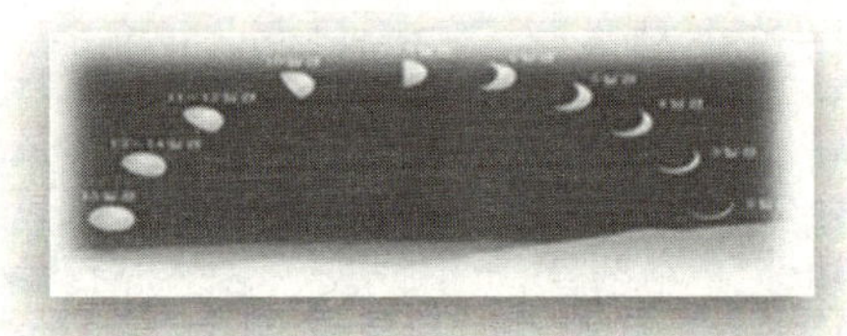

고속도로에 나타난 야생 고라니 새끼다. 사방이 캄캄하다. 생각할 겨를이 없다. 본능적(本能的)인 반응이다. 피하려 해도 이미 늦은 것이다. 어쩔 수 없는 돌발적 상황이다. 순탄한 길이라도 많은 차량이 오가다보면 자연 사고를 접하게 된다. 세상은 혼자 사는 것이 아니다. 아무리 방어운전을 잘해도 사고는 발생하기 마련이다. 음과 양이 중화(中和)를 이루어도 그 상태가 계속된다면 흐름이 멈춘다. 고요다. 양이던 음이든 어느 한쪽으로 기울어야 변화가 시작된다. 기울어짐으로 인해 똑바로 세우려는 반작용이 발생한다. 운(運)이라는 이야기가 나오지만 잘나가기 위해서는 탄력(彈力)을 받아야 하는데, 그것이 마(魔)다.

탄력을 받아 차고 나가면 길(吉)로 계속 이어지는 것이요, 제자리에서 붕붕하고 공회전만 한다면 전진이 없고 엔진만 상한다.

기력(氣力)이 다한다. 운(運)의 흐름이 역(逆)으로 행한다. 자빠지지 않아도, 멈추는 것도 이에 해당한다. 흉凶속에도 길吉이 있는 것이 순리順理다. 항상 슬픈 일만 있는 것은 절대 아니다.

---

1)좋은 일에는 흔히 방해되는 일이 많음. 또는 그런 일이 많이 생김.

춘하추동 실전 사주학 시리이즈

❶ 건강과 질병

정가 ￦ 15,000

❷ 사주명리에 빠져봅시다.

정가 ￦ 27,000

❸ 부부 클리닉

정가 ￦18,000

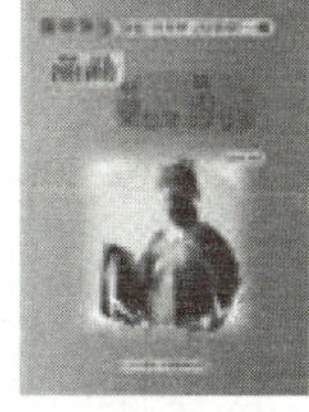

❹ 사주통변술의 이차방정식

정가 ￦25,000

❺ 사주격국의 원류와 흐름을 찾아서

정가 ￦27,000

❻ 사주 용신의 발톱을 찾아라.　정가 ￦ 30,000

❼ 사주신살 약인가 독인가

정가 ￦ 27,000

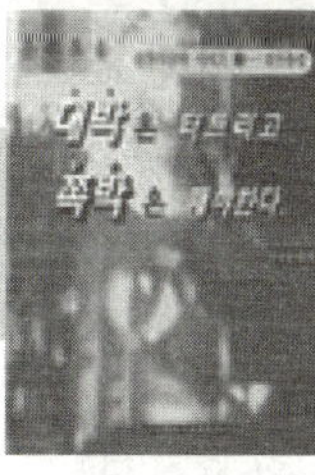

❽ 내 팔자가 내 복이다.

정가 ￦ 38,000

❾ 대박은 터트리고, 쪽박은 깨야한다.

정가 ￦ 33,000

❿ 사주 명리 격론

정가 ￦ 27,000

추명가 해설집(여명편)

정가 ₩ 23,000

개정판 춘하추동
만세력1

정가 ₩ 13,000

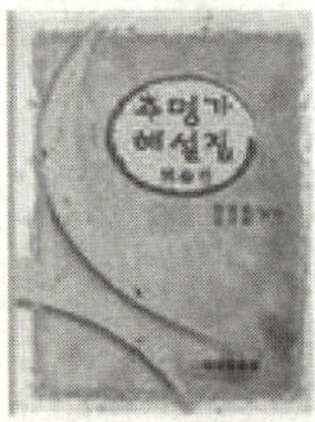

추명가 해설집(남명편)

정가 ₩ 18,000

춘하추동 만세력2

정가 ₩ 18,000

스마트 만세력 1

정가 ₩ 20,000

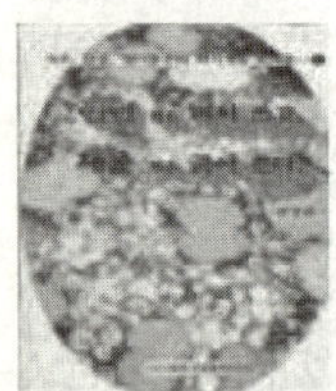

인연복은 퍼서쓰고,
재물복은 긁어쓴다.

정가 ₩ 23,000

(인성처세술 ❶)

산길은 비탈진 길이고,
물길은 굽이진 길이다.

지 은 이 / 법사.원담
퍼 낸 이 / 한원석
퍼 낸 곳 / 두원출판미디어

판권 본사
소유 의인

강원도 춘천시 효자3동612-2
☎ 033) 242-5612 FAX 033) 251-5611
Cpoyright ©2013 , by Dooweon Media Publishing Co.
이 책의 내용은 저작권법에 따라 보호받고 있습니다.
판권은 본사의 소유임을 알려드립니다.
등록 / 2010.02.24. 제333호
♣ 파본, 낙장본은 교환하여 드립니다.
홈페이지: www.dooweonmedia.co.kr
다음까페 : 두원출판미디어
♣ E-mail : doo1616@naver.com
ISBN 978-89-964099-8-4

1판 1쇄 2013. 11. 20
정가 15,000 원